大展好書　好書大展
品嘗好書　冠群可期

大展好書　好書大展
品嘗好書　冠群可期

命理與預言68

綜合易卦姓名學

林虹余／著

大展出版社有限公司

前言

姓名學是依據我國文字學的創造分六書，以形象、指事、會意、形聲、假借、轉註等為法，每一個字都有源由再加上測字十二心法所代表的念意，然後以姓名學來論斷。

如果姓名學用筆劃來算，那麼全台灣同筆劃之字何其多，然而那些作奸犯科的人難道其筆劃皆大凶嗎？未必然，李前總統登輝先生的筆劃也不是凶數嗎？

姓名學論斷起源於漢唐，盛於唐宋名賢記述中有宋代邵康節、謝石等人。唐代有李淳風、袁天罡等人。如孔子所說的「名正言順」雖屬簡單的一句話，但其含意已暗示人之於姓名的重要了。

人的一生，最重要一件大事就是取個好名字，名有五音與五行，而音波的頻率主導一個人的情緒反應，字形影響人的行為處事，日積月累而形成人生的命運。

本書的特色是，將十二肖的屬性和三合、三會、六合、相生可用的文字，一起併入可適用的文字裡面，且將相剋、刑沖、相破、六害的文字一起併入不可適用的文字裡面，讓讀者不再費心去找一些可用文字或不可用之字，而且在命名時一目了然，除了姓是不能更改的外，在名字方面可放心去找自己喜歡的文字，本書也是命名的工具書，希望讀者多加利用。

姓名學是門深奧的學問，文字與形音配合生肖、天干地支與五行生剋制化主體與客體所產生的原動力，才能相得益彰，趨吉避凶。

辛巳年仲秋　林虹余

目錄

1. 姓名易卦構成法……九
2. 易的卦位與卦爻……一一
3. 六十四卦查覽表……一四
4. 簡易八卦解析……一六
5. 卦運之吉凶……二一
6. 生肖姓名學……五二
一、十天干……五二
二、十二地支陽子寅辰午申戌……五二
三、十二天干屬性……五二
四、十二地支屬性……五三
五、五行性論……五四

六、五行相生相剋原理……五五
七、天干相合……五七
八、地支六合……五八
九、地支六沖……五九
十、地支三合、三會、地支相破、六害……六〇
十一、十二生肖地支所屬……六一
十二、地支陰陽……六一
十三、天干相沖……六一
十四、地支相刑……六二
十五、五行疾病一覽表……六三
十六、月令五行……六四
十七、五行旺相……六四
十八、數的五行與患病的關係……六五
7. **四柱的排法**……六六
8. **論桃花**……七一

9.論小兒刑煞……七三
10.六十甲子與五行……七五
11.六十甲子納音性格解析……七六
12.六書：指事、象形、形聲、會意、轉注、假借……八三
13.測字十二心法……八六
14.文字拆字範例……九二
15.姓名學架構與擬定……九六
16.生肖姓名斷論基本要點……一〇一
17.生肖姓名與身體之部位……一〇三
18.文字部首……一〇五
19.畫數容易算錯之文字……一〇七
20.十二生肖姓名解析……一〇九
一、生肖屬鼠（子）……一一〇
二、生肖屬牛（丑）……一一二
三、生肖屬虎（寅）……一一四

四、生肖屬兔（卯）……………………一一六
五、生肖屬龍（辰）……………………一一九
六、生肖屬蛇（巳）……………………一二一
七、生肖屬馬（午）……………………一二三
八、生肖屬羊（未）……………………一二六
九、生肖屬猴（申）……………………一二九
十、生肖屬雞（酉）……………………一三一
十一、生肖屬狗（戌）……………………一三三
十二、生肖屬豬（亥）……………………一三六
21. 常用文字及五行……………………一三九
22. 姓名的吉凶數理……………………一五四
23. 最新改名條例……………………一五五

1．姓名易卦構成法

一、本身的名字合劃數（即地格數），除八的殘數為內卦。

二、姓名全部的合劃數（即總格數），除八的殘數為外卦。

除八的結果，按數的順序排定如左：

殘一　即乾之卦☰為天

殘二　即兌之卦☱為澤

殘三　即離之卦☲為火

殘四　即震之卦☳為雷

殘五　即巽之卦☴為風

殘六　即坎之卦☵為水

殘七　即艮之卦☶為山

殘八　即坤之卦☷為地（此卦以八可能除開之時）

2·易的卦位與卦爻

爻者，即是指卦中的一劃，而為構成卦的因子。

卦位可能分為小成的內卦（下卦）與外卦（上卦）兩種。

尚爻的名稱，以最下者為初爻，從進上順算，即第二位為二爻，第三位為三爻，第四位為四爻，第五位為五爻，最上位為上爻。

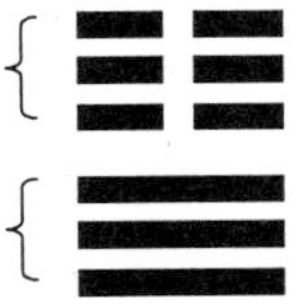

一、變卦與變爻

地火明夷的初爻䷣變為地山謙的卦䷎。

地風升的初爻䷭變為地天泰的卦䷊。

如「地山謙」即是「地火明夷」的初爻的變卦。而「地天泰」即是「地風升」的初爻動成立的卦。若動二爻，地火明夷就變為地天泰。動三爻，地風升就變成地水師卦。

二、實例

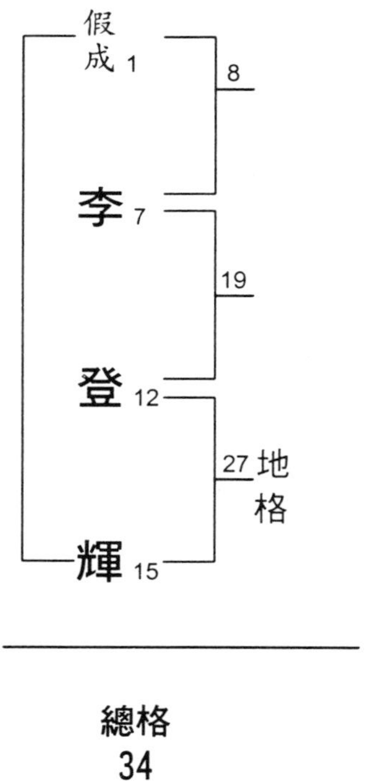

【說明】：地格二十七，除八殘三，即離☲卦為內卦。
總格三十四，除八殘二，即兌☱卦為外卦。
故：李登輝先生基本卦為澤火革

外卦 內卦

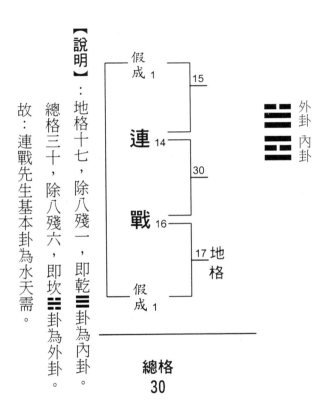

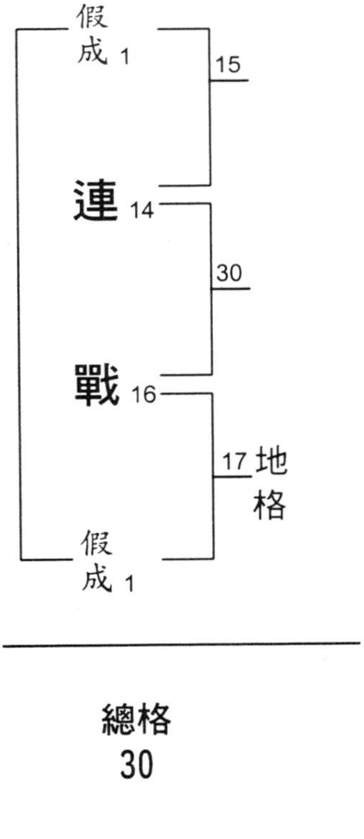

【說明】：地格十七，除八殘一，即乾☰卦為內卦。
總格三十，除八殘六，即坎☵卦為外卦。
故：連戰先生基本卦為水天需。

3．六十四卦查覽表

內卦＼外卦	(乾)天 ☰	(坤)地 ☷	(震)雷 ☳	(巽)風 ☴	(坎)水 ☵
(乾)天 ☰	乾	泰	大壯	小畜	需
(坤)地 ☷	否	坤	豫	觀	比
(震)雷 ☳	無妄	復	震	益	屯
(巽)風 ☴	姤	升	恆	巽	井
(坎)水 ☵	訟	師	解	渙	坎
(離)火 ☲	同人	明夷	豐	家人	既濟
(艮)山 ☶	遯	謙	小過	漸	蹇
(兌)澤 ☱	履	臨	歸妹	中孚	節

(離)火☲	(艮)山☶	(兌)澤☱
大有	大畜	夬
晉	剝	萃
噬嗑	頤	隨
鼎	蠱	大過
未濟	蒙	困
離	賁	革
旅	艮	咸
睽	損	兌

【解說】例如：外卦☰（乾），而內卦亦☰（乾），乾即稱為「乾為天」。

其他倣此。

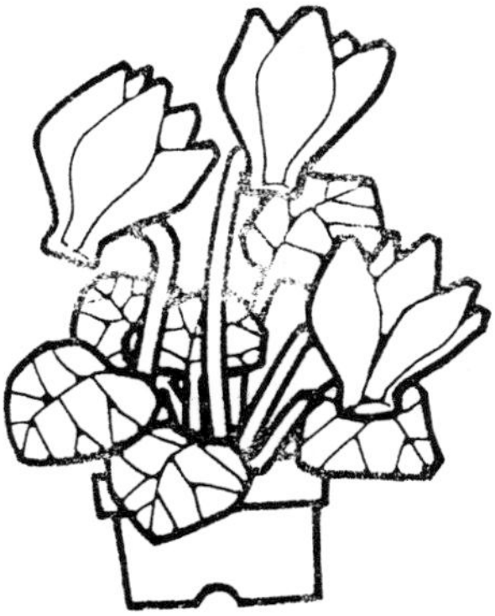

4．簡易八卦解析

易占與其他的學術不同，它比較特殊，因為易理乃是易經上的構造與用語，如果沒有預備知識與了解，那從卦理方面就無所適從。「卜」字，因為能洞察先機。

積極的，它能指導人們如何在有限的生命中作最有意義的投資與發揮，使我們的人生更加有意義而且更充實；在消極方面，它能顯示人類趨吉避凶之道，能使受到不必要的破壞，減少到最低程度。

現把易卦納入姓名學上，希望對人類有所幫助，因此先賢也視為仁術的一種。

巽 風	離	坤 地
震 雷	中宮（得果皆由於中）	兌 澤
艮 山	坎 水	乾 天

古云：「無象即無易占」。可見「象」在易理上所佔的地位了。現在把八卦的「象」例在於左：

☰「乾」卦所代表的「象」

天，太陽，君主，父，丈夫，秋天，頸子，龍，獅子，肺臟，豆，米，勇猛，高貴，果斷，富貴，驕傲與奢侈，白色，紅色等。

☷「坤」卦所代表的「象」

地，月亮，母親，庶民，妻子，夏秋之間，腹部，牛，馬，安靜，謙讓，恭敬，黃色等。

☳「震」卦所代表的「象」

雷，浮雲，賢者，碩漢，春天二月，鶴子，頭髮，水果，地震，電，憤慨，圖強，立志，性急，急進，藍色等。

☴「巽」卦所代表的「象」

風，雲彩霞，春夏初交，長女，雞子，蟲，鏡子，蔬菜，做事猶豫不絕，隨從，肘，兩股等。

☵「坎」卦所代表的「象」

水，雨，冬天，中年男子，血，竊盜，腎臟，狐狸，風險，詭計，意亂情迷，黑色，紅色等。

☲「離」卦所代表的「象」

陽光，火，虹，電，雲霞，五月，中年女子，心臟，眼睛，小鳥，小蟲，詩，花木，性急，美麗，文明，紅色，紫色等。

☶「艮」卦所代表的「象」

山，雲，暴風雨，少年，冬末初春，老虎，懶鬼，老鼠，偏見固執，遲滯，黃色等。

☱「兌」卦所代表的「象」

池塘，雨，露水，雪，秋天，歌女或妓女，肝臟，猴子，山羊，樂器，筆，紙，濕草，灌木，水邊，和藹，愛好，色情，白色等。

※　※　※

易卦姓名學應用方法：

5．卦運之吉凶

☰ 乾為天

「乾」是「天」六爻都屬陽，沒有「陰」爻，表示只是虛有其表，妄進招災，需謹慎為要，驕者必敗。易經上說「亢龍有悔」就是叫人不可好高騖遠，要謙虛，以免滿招損。

☷ 坤為地

「坤」為地，代表平靜與和順，遇事容易受到誘惑，故不可妄動，應該退守，才能安然無事，是先苦後甘之象。

䷂ 水雷屯

屯，元亨利貞，勿用，有攸往，利建侯。

「屯」卦，萬物之始也，正是久旱逢甘雨，枯木又逢春，只要堅忍不拔的意志，才能逢凶化吉，開拓光明的大道。旅行不利。

䷃ 山水蒙

蒙，亨。匪我求童蒙，童蒙求我。初筮告，再三瀆，瀆則不告、利貞。

「蒙」是年紀太輕或是無主見、糊塗的意思。「蒙」卦在運氣起初不太好，可是努力做下去，慢慢地會好轉起來。

䷄ 水天需

卦辭：「需有孚，光亨，貞吉。利涉大川。」

「需」是等待的意思，就是要候時機。急進投機失敗，為小利失大利，前進不得，只有忍耐，有了實力後，方能發揮力量的機會。

䷅ 天水訟

卦辭：「訟，有孚，惕中吉。終凶，利見大人，不利涉大川。」

「訟」是訴訟、爭論、裁判的意思。比喻意見互異，找不出共同點，不能求得妥協的時候。明知爭強無益，時運還沒到，所以萬萬不可有逼人過甚的行為。且要注意惹事生非之事。

䷆ 地水師

卦辭：「師貞，丈人，吉無咎。」

「水」居於「地」，地上萬物得到滋潤，而發育生長。但是地在上水在下，土剋水兩者無法調和，這是戰爭的卦，彼此相傷，難得平安，而處於苦難、變動、紛爭。若能聽取長輩之言能化險為夷。

䷇ 水地比

卦辭：「比吉，原筮元永貞，無咎，不寧方來，後夫凶。」

「比」是親密，親睦、親善、相親相輔的意義。「比」也有跟人比較的意思。能得朋友或親人助力提拔，就是互助共存，是最好共同創辦事業的好時機。

䷈ 風天小畜

卦辭：「小畜，亨。密雲不雨，自我西郊。」

「小畜」這卦有稍微聚蓄，稍微停待的意義。所以，物質方面豐富，運氣還好。不過，現在計劃的或開始做的事情，不很順利，或被人妨礙阻止，有挫折的趨勢。尤其女性，應注意家庭不和。

䷉ 天澤履

卦辭：「履虎尾，不咥人，亨。」

「履」是踏，也就是要實踐力行的意思。這卦是如踏在蛇的尾巴危險的時候。女能聽從長輩的意見，可脫離險地，好好檢討前人的成功與失敗的因素，再去行動。

䷊ 地天泰

卦辭：「泰，小往大來，吉亨。」

「天」氣下降，地氣上升，通泰之象。但別因運氣太好而驕傲或過份放蕩與怠慢，否則將敗。注意色情招災。

䷋ 天地否

卦辭：「否之匪人，不利君子貞，大往小來。」

「否」，就是閉塞的意思，衰運、否定、多勞困難，「否」運是運氣不好，閉塞不通，也有被否定、被否認的意思。進一步不如退一步。注意防小人，須小心謹慎。

䷌ 天火同人

卦辭：「同人於野，亨。利涉大川，利君子貞。」

「同人」是我跟人一起，跟別人相同的意思。同一、同意、同行、同業等，都不是單獨行動的意思。還有同伴、同志、朋友、同事的意思。

在事業方面，是共同事業的成功，有上長之提拔，不要因急性而招致失敗，要堅持到底。但不可跟近視的人共同經營。

䷍ 火天大有

卦辭：「大有、元亨。」

「大有」是個個應分，各得其時，各得其所的滿足狀態。占到此卦的時候，是幸福的時候，生活富裕，萬事如意。可是注意滿了就要缺，俗說，盈極則虧，物極必反。

䷎ 地山謙

卦辭：「謙亨，君子有終。」

「謙」就是謙虛不誇張，即所謂「謙讓」的美德。這卦的原文是「以山高而下地卑」的。也就是說，有地位的人謙虛，是「德之本，禮之切也」的意思。

可是「謙」的原義，是把自己有餘的東西，分給別人的意思。故諸事以先屈後伸之用意，方得吉慶。男人防色情。

䷏ 雷地豫

卦辭：「豫，利建侯行師。」

「豫」是預先、預備、預告、預知的意思。如預先通知的意思。拿破崙說：「我的字典裡沒有不可能的字」。可是，他在莫斯科一戰，因為，不能預知冬將軍的厲利，毫無準備，結果，一敗塗地，終無翻身的機會。

「豫」還有粗心的意義。人們到了得意的時候，就容易忘記一切，自以為有過人的才能和力能，不是走向機會，就是言行不檢點而招失敗的，請特別注意。

䷐ 澤雷隨

卦辭：「隨，元亨利貞，無咎。」

「隨」是隨從的意思，如人事、時間、立場等，正視事實，隨其所趨，大概不會錯到那裡去。

本卦就是要互相才能通達，萬事亨通，若心性不定，就容易招受失敗。

䷑ 山風蠱

卦辭：「蠱，元亨，利涉大川，先甲三日，後甲三日。」

「蠱」是不常見的字。山卦為山，下卦為風，則草木零亂，也是敗壞現象。「蠱」這字有破爛、破綻的意義。

占到此卦，第一要想到周圍的狀況，已經過混亂。別以為好景可以持續下去，而不留心其所招致的破綻，事情臨頭，想要補救，那是不簡單了。

䷒ 地澤臨

卦辭：「臨，元亨利貞，至于八月有凶。」

「臨」就是「居高臨下」的意思，也是「臨機應變」。這卦就是隨時間的變化，而善為適應的意思。是改變觀念的時候，這是萬事亨通，充滿光明與希望而且強有力的卦。

䷓ 風地觀

卦辭：「觀，盥而不薦，有孚顒若。」

「觀」不僅是看，而且有思索反省的意思。這卦有大風吹地上之感，所以有萬事難行的意義。遇到事情絕對要冷靜下來，對自己政策反應，加以檢討、不可輕舉妄動，忍耐堅守自己的崗位，等待機會。

䷔ 火雷噬嗑

卦辭：「噬嗑，亨，利用獄。」

「噬嗑」為口齒咬合的意思，象徵兩唇。上下齒之間，必須把他咬斷，張口方合攏，所以名為「噬嗑卦」。

此卦有喧爭的意味，有中傷、刑罰、小人，你要特別小心。你必需有能力排除萬難解除紛爭的毅力，能突破阻礙，方能開拓難關。

䷕ 山火賁

卦辭：「賁，亨。少利有攸往。」

「賁」是代表美麗，而不配合內容也是沒意義。是屬於短暫的，如果流於外觀之虛勢，難免更困窮。所以先要充實自己，才會好運。若問成功，小可成，大難講。

䷖ 山地剝

卦辭：「剝，不利有攸往。」

「剝」是剝皮、剝削、剝奪、剝落、剝離的意思。比喻某種東西被某種力量的侵奪的意義。

本卦宜守不宜攻，如果硬是要逆勢而行，必會招來本身的危險，不可不慎。比喻做事業壞到極點的時候，你可視為，將要脫胎換骨邁向人生的第一大步。指日可待矣！

䷗ 地雷復

卦辭：「復，亨，出入無疾、明來無咎。反覆其道，七日來復，利有攸往。」

「復」是回到原點的意思。所以，「復」是萬物返回原狀，返回原點還有重新再來的意思。比喻事業不如意，經過一次失敗後，累積教訓與經驗，終亦得成功。

䷘ 天雷無妄

卦辭：「無妄，元、亨、利、貞。其匪正有眚，不利有攸往。」

「無妄」是無慾望無作意，一切順其自然叫做「無妄」。順從天意就是了。如果你沉醉於個人利益來滿足本身的慾望，用不正當的行為，那是你故意招來的麻煩，別無方法可施。

既然沒有法子，就是預定也無用的。一切隨緣。

䷙ 山天大畜

卦辭：「大畜，利貞，不家食吉，利涉大川。」

「大畜」是大為儲藏、畜聚的含意。有充滿、充實的意義，等待發揮其所能的時期。「大畜」還有大止、等著、努力一個時期的意思。事業鴻圖大展，可成。

䷚ 山雷頤

卦辭：「頤，貞吉。觀頤，自求口實。」

「頤」是下顎的意思。「頤」也是養的意思。代表用嘴吃食物或飲料，但是吸收知識或思想的精神食糧也包括在內。

這卦代表牙齒、腸胃或消化器官的健康問題。俗云：病從口入、禍從口出。言多必失，容易引起誤會，互相猜忌，以致諸事難成。

䷛ 澤風大過

卦辭：「大過，棟橈，利有攸往，亨。」

「大過」是責任過重、負擔過重的意思。比喻目前運氣多舛，是很危險的立場。可是，不能因危險而停止一切的計劃，應該想盡辦法用毅力來克服目前的困難，以後的豐碩才是無限的。做什麼事情衡量本身的力量，量力而為，化危為安，希望愈高失望愈大。

䷜ 坎為水

卦辭：「習坎，有孚，維心亨，行有尚。」

「坎」是人生艱難危險的意思。也是「易經」屯、坎、蹇、困四大難卦之一。此卦是多災多難的狀態重疊兩個水，象徵烏黑的激流推動，陷入漩渦的時候，需有堅忍不拔的精神，不動搖的心，才能渡過這個洪流。等待壞運過去，好運氣來。一句話還是要忍耐。

䷝ 離為火

卦辭：「離，利貞亨。畜牡牛，吉。」

「離」是光明的意思，又與「麗」字通用。初夏的太陽，陽光不斷照耀大地，充滿氣息，熱情洋溢。但做任何事情都要觀前顧後，小心謹慎，如急進，雖得一時之盛運，亦難保永久矣！

澤山咸

卦辭：「咸，亨，利貞，取女吉。」

「咸」是對事物敏感的意思，代表感情、感覺、感情、感傷等等，都由人心感動，很敏感的表現出來。

萬事如意能成功，若陷於不正，易招失敗。要注意無益的散財。

雷風恒

卦辭：「恒，亨，無咎，利貞，利有攸往。」

「恆」是照常，當然的意思。亦有固定不變的含意，有把握現在展望將來，也是維持現狀的意思。不可著手新規之事，始得吉慶。合夥不合切記！

天山遯

卦辭：「遯，亨，小利貞。」

「遯」是逃避、隱退的意思。運氣不濟的時候，言行更要小心謹慎，防小人、防官司，宜慎退守，圖謀無事為上策，暫時退避，等著下一次的機會來臨吧！

䷡ 雷天大壯

卦辭：「大壯，利貞。」

「大壯」是為雄壯的意思。比喻競技的駿馬，奔騰疾走的狀態。做什麼事情要觀前顧後，不可盲目前進，有時候踩剎車是不靈的。運氣方面注意言行，要謙虛容忍。

䷢ 火地晉

卦辭：「晉，康侯用錫馬蕃庶，晝三日接。」

「晉」是前進的意思。「晉」和「進」同音同義。這卦象徵太陽從地平線上升，是充滿希望，萬物生長前進的意味。萬事如意，才華洋溢，把握機會，積極努力，可成功。

䷣ 地火明夷

卦辭：「明夷，利艱貞。」

「明夷」就是消滅、傷害的意思。比喻日落西山，又沒有月光，天地一片昏暗。人有衝天之志，無運不能自往。時運未到，諸事不濟，最好能等待一段時間，當好時機來的時候，才可放手一搏。

䷤ 風火家人

卦辭：「家人，利女貞。」

「家人」就是家裡的人。男主外，妻主內，在家庭中歡迎在外奮鬥歸來的男人，是家庭主婦最重要的優先使命。也就是陰陽互相調適，家道和樂融融。女運強、男運差。

䷥ 火澤睽

卦辭：「睽，小事吉。」

「睽」就是乖違、離異的意思。二者不容，是背道而馳，運勢不好，諸事難成。家和則萬事興，避免與人發生不和。在日常生活上是個良卦，對已婚的人，更是上上吉卦。

䷦ 山水蹇

卦辭：「蹇，利西南，不利東北，利見大人，貞吉。」

「蹇」就是「跛」的意思。好像跛足的人走路比較困難，引伸為前進不便、困頓，所以叫「蹇卦」。如疾急前進，終陷失敗，做事情絕不可輕舉妄動，適可而止。

䷧ 雷水解

卦辭：「解，利西南，無所往，其來復吉。有攸往夙吉。」

震為雷，坎為水，雷雨交作熱氣解散，叫做「解」卦。解卦有解除、解開的含義。凡事順暢，是把握時機的大好機會，又得助力，能實現自己的理想。

䷨ 山澤損

卦辭：「損，有孚，無吉，無咎，可貞，利有攸往，曷之用，二簋可享。」

「損」是損益的損，不是損失或損害的意思；不是失而是給的意思。為他人把自己的東西送給別人，損不是失減的損，而是一定會回來的損，上天是不會辜負善心人的損。

是先凶後吉之兆，只是運氣晚來一些，但會成功的。

䷩ 雷風益

卦辭：「益，利有攸往，利涉大川。」

「益」就是利益、增加的意義。是代表強又有力的運，你可不要縮頭縮尾，一定要把握良機，有貴人相助，指日可待。

䷪ 澤天夬

卦辭：「夬，揚於王庭，孚號，有厲，告自邑，不利即戎，利有攸往。」

「夬」是決議、決斷、決定的意思。就是對每件事都很執著，也有判決的意義，好像以正確的意見，判斷了不正確的人，或到了危險關頭，有果敢的決心。當危險來時應臨機應變，克服困難，這樣才能化險為夷。注意文書或契約的事情，恐有錯誤。

☰☴ 天風姤

卦辭：「姤，女壯，勿用取女。」

「姤」是男女交媾，也可以做一般的「遭遇」，有許多事是受到偶發事件所支配的，而且突發事件層出不窮。盡量以柔性來進取為要。這卦對女性較不好，有色難。而且要預防小人的陷害。

☱☷ 澤地萃

卦辭：「萃，亨。王假有廟，利見大人，亨，利貞，用大牲吉，利有攸往。」

「萃」就是聚集的意思。很多人聚集在一個地方熱鬧的意思。從運勢來說是亨通的，則有「鯉魚躍龍門之象」。比喻天下才子聚集一堂。在事業方面可說是生意興隆的意思。注意水難。

䷭ 地風升

卦辭：「升，元亨，用見大人，勿恤，南征吉。」

「升」和「上昇」是一樣的，都是向上爬升。還有「升格」的意味。這也是你努力在現實中開花的結果。這是憑實力、才幹向正當發展的時候。能獲上級的提拔，成功可待。

䷮ 澤水困

卦辭：「困，亨，貞，大人吉，無咎，有言不信。」

「困」就是限定在一個地方內，不能伸展出來，有受困的意思。凡事都不如意，困苦、困難、疲憊、苦惱都是這個字的意思。雖然處於困頓匱乏的時期，但仍堅守自已的節操，不隨波逐流或因劣勢而氣餒。勞而無功之象。如有貴人助力，可挽回運氣。

䷯ 水風井

卦辭：「井，改邑不改井，無喪無得，往來井井，汔至亦未繘井羸其瓶凶。」

「井」就是水井，水井是日常生活中不可缺的，可是，不要忘記努力去打水，愈是打水，井水才愈能更新不斷，清新之水湧湧而出。不僅是為自己止渴，也要替別人效勞的。就是要替部下，替他們設法解渴的。比喻要安份，保持現狀可保平安，如執迷不悟，失敗就會到來。

䷰ 澤火革

卦辭：「革，已日乃孚，元亨利貞，悔亡。」

「革」就是改革、革新的意思。是把舊的事物移到新的過程，而且應該循正常的途徑變化他。在變化莫測之中，一定要有勇氣跟足夠的智慧去改變計劃方能成功。

遇有變動，應提防事情發生的糾紛。注意：火難、水難等。

䷱ 火風鼎

卦辭：「鼎，元亨吉。」

「鼎」就是古代烹食容器，有三支腳。所謂「三足鼎力」比喻三個人合力支持一個東西。這是好的卦，所有的事物在調和中前進，就是準備俱全，有安定充實的狀態，運氣亨通，穩如泰山。

䷲ 震為雷

卦辭：「震，亨，震來虩虩，笑言啞啞，震驚百里，不喪匕鬯。」

「雷」是動盪，顯示雷聲隆隆的意思。卜到這卦時，你雖然經過不小恐懼，卻沒有災害，可說有驚無險。但需要鎮靜，不可以鬆懈。應該要有周詳的計劃，腳踏實地去實行是最好的。

䷳ 艮為山

卦辭：「艮其背，不獲其身，行其庭，不見其人，無咎。」

「艮」為山，有兩個山，所謂「穩如泰山」。「山」為不動之山，胸有成竹，像山那樣高尚的精神，有不動搖的信心。

艮卦形來看，一陽最頂點，無可攀升，不進則退，在這時候應該考慮自己的立場，故宜守舊等待有好的機會為宜。

注意：頭部、顏面、刑傷等。

䷴ 風山漸

卦辭：「漸，女歸吉，利貞。」

「漸」是有秩序漸進的意思。比喻運氣漸漸好，但不可操之過急，要做一件事情先要考慮得失，一定要按部就班不能輕舉妄動，那是無益的。

注意：金錢方面、色情。

䷵ 雷澤歸妹

卦辭：「歸妹，征凶，無攸利。」

「歸妹」就是于歸的意思。目前是不錯，但最後災難馬上到，是屬於有突然的事情發生，所以要特別小心。有先成後敗之象。

注意：契約、背書等問題。

䷶ 雷火豐

卦辭：「豐，亨，王假立，勿憂，宜日中。」

「豐」是豐滿、豐潤、豐富等，已經滿滿地達到了最高的狀態。登得愈高，摔下來愈重，做事情不可得意忘形，太鬆弛傲慢會有煩惱了。

注意：受騙、火難。

火山旅

卦辭：「旅，小亨，旅貞吉。」

「旅」是旅行的意思。顯示孤寂、不安和勞苦困頓接踵而至。萬事難得安定，做什麼事情都是搖擺不定。最好能多尊重他人或朋友的意見。柔順地附和天時、地利來行事，自制自己，可免於災難。

巽為風

卦辭：「巽，小亨，利有攸往，利見大人。」

「巽」的本義是台上放置著物品，並非自動自發地行動。兩「風」重疊的象，輕風吹動的形態，有時向東，有時向西。這卦有出入跟從的意義。所以，不能以自己的主觀去行動，如能順風似地，要隨人隨時，順從其他有實力者提攜，才能得到好處。

☱☱ 兌為澤

卦辭：「兌，亨、利、貞。」

「兌」是喜悅、和樂的意思。表現人們的歡喜。「兌」是嘴，這卦好像兩重嘴似的。從事口頭生意最好，如經紀人、記者、業務員、播音員、出版業者都是最好的代表。但防禍從口出毛病。注意防女人。

☴☵ 風水渙

卦辭：「渙，亨。王假有廟，利涉大川，利貞。」

「渙」是散，即渙散、渙發的意思。這卦是運勢很盛的時候，但防樹大蔭大，因為海上有颱風，也有大浪。但怕自己意志不堅，猶豫不決，如果現在你運氣不好的話，現在，正是回轉的好機會。

䷻ 水澤節

「節」是竹節，竹子一節一節延伸的意思。是有限度有操守節制才行。如為求生活，應有適當的節制。如果，偏執於自己的理論，就會成為自纏自縛的狀態。

此卦多半被誘惑的時候。在甜言蜜語之下迷迷糊糊，即使香餌在前，也要好好地控制自己，絕不可輕舉妄動。

䷼ 風澤中孚

卦辭：「中孚，豚魚吉，利涉大川，利貞。」

「中孚」有至誠之意。「孚」字是「爪」和「子」組合而成的。母雞用爪抱蛋的形狀。在人事方面來說，好像母雞和小雞一樣的親睦，個性、性質不同的人，如能彼此打開胸襟，誠意合作共同事業是理想的。

䷽ 雷山小過

卦辭：「小過，亨，利貞，可小事，不可大事。飛鳥遺之音，不宜，宜下，大吉。」

「小過」是稍微過了一點兒。這卦是說：行動越過限度，就有災害的意思。所以，不能希求做自己的能力以上的事情，尤其不可以跟實力懸殊的人爭執，不然會招致失敗。

語云「謙受益、滿招損」。注意：旅行。

䷾ 水火既濟

卦辭：「既濟，亨，小利貞，初吉終亂。」

「既濟」凡事已得到濟助而有成就的意思。此卦是前吉後凶，做每一件事多要經過思考，要有危機意識，能居安思危的想法，才能避開變動或別離等事情。

䷿ 水火未濟

卦辭：「未濟，亨，小狐汔濟，濡其尾，無攸利。」

「未濟」是未完成的意思。和前面的「既濟」卦形相反，是陰陽相磨，取得平衡的。「未濟」是相反地，未得立場，如果奮發努力，今後的進展一定可期的。

時運不佳，立場不明，所以要忍下來，凡事不可強求，等到時機來到。要抱著一種期望的心理。

6．生肖姓名學

一、十天干

陽　甲丙戊庚壬

陰　乙丁己辛癸

二、十二地支

陽　子寅辰午申戌

陰　丑卯巳未酉亥

三、十二天干屬性

甲屬木、丙屬火、戊屬土、壬屬水、庚屬金、乙屬陰、丁屬火、己屬土、辛屬金、癸屬水。

四、十二地支屬性

子屬水、寅屬木、辰屬土、午屬火、申屬金、戌屬土。

丑屬土、卯屬木、巳屬火、未屬土、酉屬金、亥屬水。

天干地支反應大自然現象，我們特別敘述天干，以增加大家的印象，餘可類推。每一天干的成份屬性。

甲為陽、大樹、屬木；乙屬陰、小草、屬木；丙是陽、太陽、屬火；丁是陰、燭火、屬火；戊是陽、大土、屬土；己是陰、濕土、屬土；庚是陽、礦金、屬金；辛是陰、飾金、屬金；壬是陽、大水、屬水；癸是陰、雨露、屬水；其中與陰與陽互為因果，而五行則產生生剋的道理。

天干、地支源自殷周。然陰陽五行之說，把十天干稱為天干，十二地支稱為十二地支，天干為軸心，而大地之氣則以十二地支為主，它既是自然運行之曆數，同時根據天、地的運氣，萬物因而得以各自變化而成。

五、行性論

五行是按金、木、水、火、土、五行陰陽來說其變化的規律。但五行具體到每個人身上不是單一的，而是各有所偏。

由五行發現人的心性與人的一生健康疾病壽夭禍福有密切的關係，所以五行強調人們要「變性」，也就是說：「變化氣質與性格」「化性」（化除氣稟性）。

認識自己的五行性的陰陽消長變化的規律，要熟悉它、駕馭它、讓它按正常的規律運行，轉逆為順，化剋為生，撥陰反陽。便可自己掌握自己的命運，改變自己的境遇。

六、五行相生相剋原理

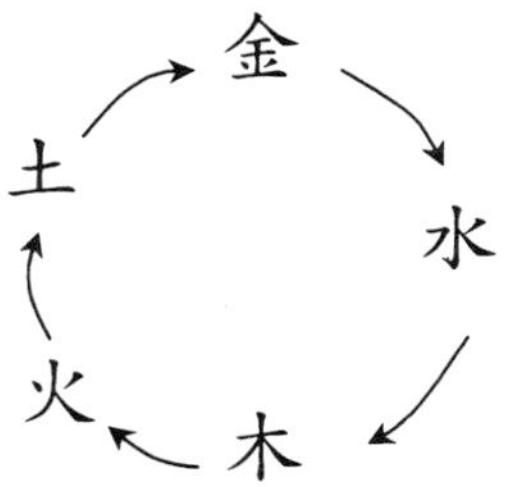

一、五行相生：

金生水、水生木、木生火、火生土、土生金。

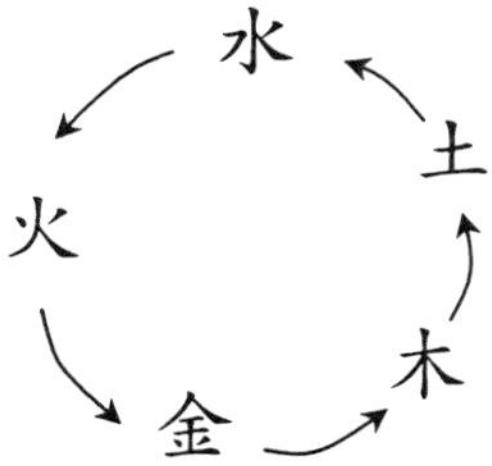

二、五行相剋：

水剋火、火剋金、金剋木、木剋土、土剋水。

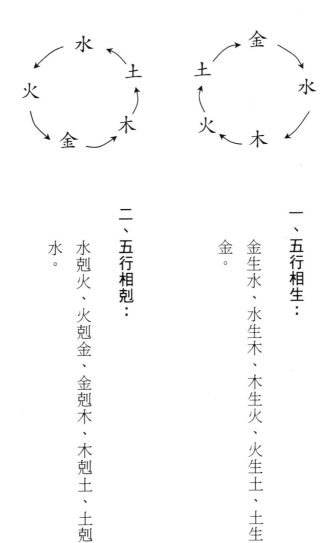

我們所說的相生，就是彼此相益或相互促進。所以說相互制約或彼此克制。但相剋不是絕對的，在特定的條件下，也可以反剋。如水能剋火，然而火過盛也可剋水，成為（火剋水）了。

五行性的關鍵是撥陰反陽，化剋為生，最後要達到「五行推轉」五行中的逆行或相剋，多指陰面或陰陽混雜的情況下而言。如真正能達到撥陰反陽之後，就不存在逆與剋了。

一般來講男子五行應順行，女子五行應逆行，今後女子若明道而能自立的，也可同男子五行順行了。

這段話是體現到時代的不同，行道也不同的獨到見解，五行順行根據人的社會屬性而自然形成的。如一個年輕人正處在學習成長發育的時期，是要日新又新，天天追求把握現在，展望將來的。比喻這就是木生火。然而卻整天消極沈悶毫無生氣，這便是生水逆行了，「水是生木的」然而陰了就寒，寒了就不能生木了。

五行的相生相剋不是絕對的，以「水生木」來說，如果在汪洋的大海，見不到土，我們把一顆樹種在水裡，因為沒有土，所以水想要生木，必需有土，要不然水多木漂。

如此看來五行的生剋順逆，相輔相成是極為奧妙的。

五行相成，五行相剋，是在陰陽混雜的情況下發生的，如能做到反剋而生，不但不剋，反而相成。

七、天干相合

天干的剋合是逢龍而化，龍在地支是代表「辰」。在一年的三月，例如甲巳年三月份皆為戊辰月，戊為土故甲巳合化土。

甲己合化土。　起丙寅

乙庚合化金。　起戊寅

丙辛合化水。　起庚寅

丁壬合化木。　起壬寅

戊癸合化火。　起甲寅

八、地支六合

六合者以月建與月將為相合。如正月建寅，月將在亥，故寅與亥合。簡單的說就是日月相會，當太陽行於黃道十二宮，剛好正月地球繞於太陽的寅宮，即太陽照於寅宮，寅是早上三至五點的時辰，而日、月相會，月亮正好在亥宮。

地支六合有子丑合化土，寅亥合化木，卯戌合化火，辰酉合化金，巳申合化水，午為太陽，未為太陰，至於地支六合，是根據『協紀辨方』一書的解釋而來的。

九、地支六沖

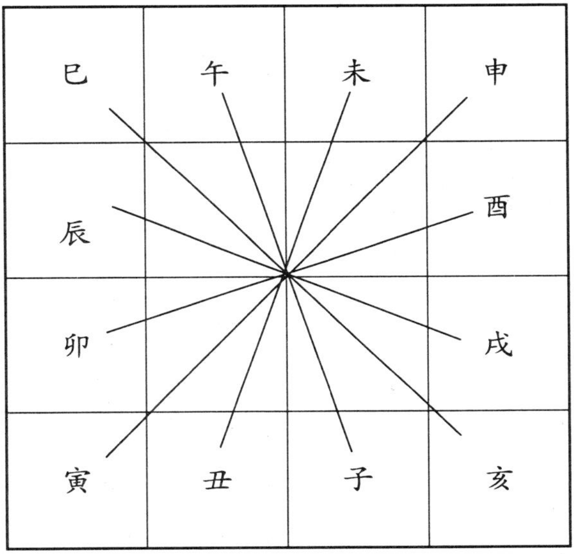

上表是地支的自然定位，結構有相對的關係。且陽支對陽支，陰支對陰支。每隔七位，合乎即所謂相沖，為區別天干相沖，也稱「六沖」。有子午沖丑未沖、寅申沖、卯酉沖、辰戌沖、己亥沖。

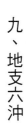

十、地支三合、三會、地支相破、六害

①地支三合

地支三合是取十二長生、帝旺、墓庫三合者為局的，地支三合的三角關係成一八〇度的結構，物理學專家告訴我們三角為最穩固的結構體。

三合即是寅午戊三合火局、申子辰三合水局、巳酉丑三合金局、亥卯未三合木局。辰戌丑未會成土局，即為四庫。

②三會

三會即是亥子丑會北方水、寅卯辰會東方木、巳午未會南方火、申酉戌會西方金，即是三會。

③地支相破

破者。地支互相破壞。則指其戰剋也。

子酉破、午卯破、申巳破、寅亥破、辰丑破、戌未破。如逢者，多變、孤立、薄緣、浪盪、損妻、晚年多不過。

④**地支六害**

害者。害者又曰穿。多害者剋損骨肉六親。子未相害、丑午相害、寅巳相害、卯辰相害、申亥相害、酉戌相害。

十一、十二生肖地支所屬

子（鼠） 丑（牛） 寅（虎） 卯（兔） 辰（龍） 巳（蛇）

午（馬） 未（羊） 申（猴） 酉（雞） 戌（狗） 亥（豬）

十二、地支陰陽

陽支：子、寅、辰、午、申、戌。

陰支：丑、卯、巳、未、酉、亥。

十三、天干相沖

甲庚相沖、乙辛相沖、壬丙相沖、癸丁相沖。

戊己土位中央無方向不沖。

十四、地支相刑

寅巳相刑，己申相刑，申寅相刑，為無恩之刑。
丑戌相刑，戌未相刑，未丑相刑，為持勢之刑。
子卯相刑，子午相刑，卯午相刑，為無禮之刑。
辰刑辰，午刑午，酉刑酉，亥刑亥，為自刑。
寅、申、己全見，或丑、未、戌全見，是為三刑齊全，凡命局、行運，或流年中有三刑齊全之情形，必有刑傷剋害之事情出現，此刑極為靈驗，宜注意。

十五、五行疾病一覽表

五行	五臟	病根	病症	罹病
木	肝	肝臟 胃腸	凡肝有關係，都是憂慮失眠症或神經系統之病	神經衰弱、黃疸、膽石症、頭痛、肝臟癌、梅毒、疝氣
火	心	心臟、腦、眼	心臟關係、多汗症、言語不明	敗血病、中風、急性關節炎、腳氣病、眼疾
土	脾	肋骨 下腹 子宮病	脾臟病因、消化道系統	胃酸過多、胃潰瘍、瘡毒、齒痛、胃癌、胃寒
金	肺	呼吸器官 眼、性病	肺病、脫肛、皮膚乾	肋膜炎、支氣管炎、哮喘病、痔、疝氣、肺結核、肺炎、蓄濃症
水	腎	腎臟 下腹 胎病	生殖系統、耳咽喉之症、怕冷	腎臟病、遺精、腦溢血、婦人病、近視、耳病、淋病

十六、月令五行

一、二、三月春（屬木）
四、五月夏（屬火）
六月（中央土）（屬土）
七、八、九月秋（屬金）
十、十一、十二月冬（屬水）

十七、五行旺相

春：寅、卯、辰（一、二、三月屬木）
夏：巳、午、未（四、五、六月屬火）
秋：申、酉、戌（七、八、九月屬金）
冬：亥、子、丑（十、十一、十二月屬水）

十八、數的五行與患病的關係

一、二（屬木）的數被壓迫 肝臟關係

三、四（屬火）的數被壓迫 心臟關係

五、六（屬土）的數被壓迫 脾臟關係

七、八（屬金）的數被壓迫 肺臟關係

九、十（屬水）的數被壓迫 腎臟關係

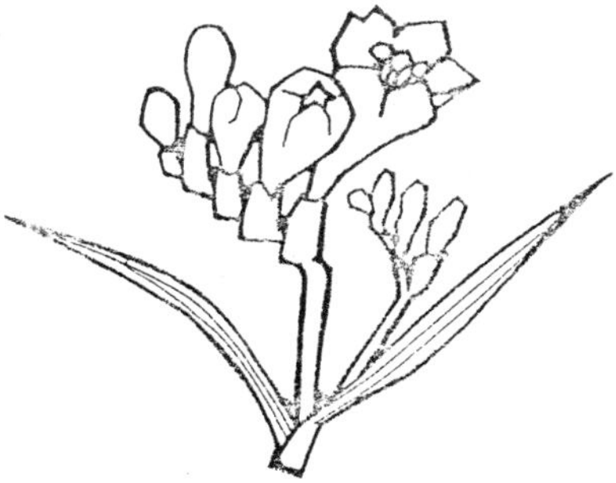

7．四柱的排法

天干

年干	位數
甲	1
乙	2
丙	3
丁	4
戊	5
己	6
庚	7
辛	8
壬	9
癸	10

地支

月令	年支	餘數
十一月	子	1
十二月	丑	2
正月	寅	3
二月	卯	4
三月	辰	5
四月	巳	6
五月	午	7
六月	未	8
七月	申	9
八月	酉	10
九月	戌	11
十月	亥	12

例一：民國三十九年生農曆七月二十日卯時生（男）

1．年干的求法：

民國年數減二後，取其差數的個位數，若為零，視為十。參考前頁圖年干表。

2．年支的求法：

民國年數除以十二，取其餘數，若無餘數，視為十二，參考前頁圖年支表。

39－2=7→個位數7為庚

39÷12=3→餘3為寅

所以民國三十九年為庚寅年，年干為庚，年支為寅。

例二：民國五十年生農曆三月十八日亥時生（女）

50－2＝48→個位數 8 為辛

50÷12＝4→餘 2 為丑

所以民國五十年為辛丑年，年干為辛，年支為丑。

3．求月的干支參看六十六頁圖七月為申月，然後再起五虎遁出來，因年柱遁月柱。

五虎遁法為——

甲己起丙寅

乙庚起戊寅

丙辛起庚寅

丁壬起壬寅

戊癸起甲寅

4．至於日干因常涉及節氣問題一定要參閱萬年曆才會知道，因日柱出來才能遁時柱。

五鼠遁法為——

甲己起甲子
乙庚起丙子
丙辛起戊子
丁壬起庚子
戊癸起壬子

5．上開民國三十九年七月二十日卯時得知庚寅年生

年柱——庚寅
月柱——甲申

日柱——庚子

時柱——巳卯

6．起六神訣（暗記）

生我正印偏印　我生傷官食神　剋我正官七殺

我剋正財偏財　比和同類為劫財比肩

陽見陽陰見陰　為偏印　食神　七殺　偏財　比肩

陽見陰陰見陽　為正印　傷官　正官　正財　劫財

7．起時便覽

日＼時	
子	11-1
丑	1-3
寅	3-5
卯	5-7
辰	7-9
巳	9-11
午	11-1
未	1-3
申	3-5
酉	5-7
戊	7-9
亥	9-11

8．論桃花

所謂「桃花煞」就是女的長大，將來可能發生不守婦道、紅杏出牆的事情，而男的則可能會尋花問柳、移情別戀等事情。

在雞年下午，出生在申、子、辰三個日子的「酉時」（下午五時至七時），亥、卯、未三個日子的「子時」（晚上十一時至一時），巳、酉、丑三個日子的「午時」（中午十一時至一時），寅、午、戌三個日子「卯」時（清晨五時至七時）的人，就犯「桃花煞」，情感比較複雜。這就是『達摩一掌金』所說的：

申子辰雞叫亂人倫，
亥卯未鼠子當頭忌，
巳酉丑跨馬南方走，
寅午戌兔從茆裡出。

命裡當中犯「桃花煞」的人不可出家，但可在家中修持。犯「桃花煞」的人，應勤加懺悔業障、讀經明理，痛改前非，相信能將不好的桃花轉化掉。

9．論小兒刑煞

所謂「小兒煞」，就是根據出生的月份和時辰來推斷孩子是否夭折或小時候不好帶。

例如：在正月和七月上下午九時至十一時、二月和八月上下午七時至九時、三月和九月上下午五時至七時、四月和十月上下午三時至五時、五月和十一月上下午一時至三時、六月和十二月上下午十一時至一時，出生的孩子都恐有不測之患，為讓讀者更加了解，謹將詩偈摘錄如下：

正七休生巳亥時，
二八辰戌不堪推，
三九卯酉難存立，
四十寅申生悲泣，

五十一月防丑未，
六十二子午孤悽，
十二月中時有犯，
小兒關煞報君知。

假如你不幸遇到這月份和時辰出生的孩子，做父母的應要廣積陰德、多做善事、多放生、愛護動物、茹素、念佛，也許可以轉化。

10·六十甲子與五行

十天干以甲為首，十二地支以子為首，一天干配一地支，而排成六十甲子。

甲子、乙丑**金**	丙寅、丁卯**火**	戊辰、己巳**木**	庚午、辛未**土**	壬申、癸酉**金**
甲戌、乙亥**火**	丙子、丁丑**水**	戊寅、己卯**土**	庚辰、辛巳**金**	壬午、癸未**木**
甲甲、乙酉**水**	丙戌、丁亥**土**	戊子、己丑**火**	庚寅、辛卯**木**	壬辰、癸巳**水**
甲午、乙未**金**	丙甲、丁酉**火**	戊戌、己亥**木**	庚子、辛丑**土**	壬寅、癸卯**金**
甲辰、乙巳**火**	丙午、丁未**水**	戊申、己酉**土**	庚戌、辛亥**金**	壬子、癸丑**木**
甲寅、乙卯**水**	丙辰、丁巳**土**	戊午、己未**火**	庚申、辛酉**木**	壬戌、癸亥**水**

11．六十甲子納音性格解析

甲子、乙丑、海中金：

雖知有心機，卻不知其心想何物，心中想做某事，卻不敢去做，此人對父母長輩很尊敬與孝順，屬於害羞型，缺乏衝勁。

丙寅、丁卯、爐中火：

心大、量大、慾望也大、可容納萬物，脾氣很大，易受他人煽動，若格局好運好，可顯現才華，可造就他人，可聞名於世。

戊辰、己巳、大林木：

不求表現突出，喜平凡、俱凌雲蔽日的愛心，但也人云亦云，缺乏自己獨特的形象。

庚午、辛未、路旁土：

缺乏突破能力，真性子，不懂歪曲，人直爽，心性正直，但脾氣有點暴躁，倔強、容易發火，後勁足、耐力強、不會虎頭蛇尾，只是善惡之念較差。

壬申、癸酉、劍峰金：

能自顯才華，意志堅強，而有高大的志向，冷酷、貞潔、口氣尖銳，剛毅精銳，鋒芒外露果斷。

甲戌、乙亥、山頭火：

外明內暗、隱亦不顯，心機深、府城深，深沈不露、喜怒不形於色，喜出風頭，運好機會好，如燎原之火，極無窮盡，性烈。

丙子、丁丑、澗下水：

雨山中間的深溝，小溪流，心地狹，私慾重，長相略帶陰沈。

戊寅、己卯、城頭土：

此土雄心勃勃，志在千里色容萬物，心高氣傲，慾望高，表面坦誠，略帶熱忱。

庚辰、辛巳、白蠟金：

此金未終琢磨的粗玉，此人心地光明，直爽、思想原始，單純學有專長。

壬午、癸未、楊柳木：

心思細，情愫多端，易見風轉舵一面，倒於偏袒，庇護一方在人面前總是順著人家，但內心是否如此就不得而知了。

甲申、乙酉、泉中水：

看不出其心，心雖不大，卻取之不盡，慾望則無窮，清冷、缺乏熱心，不是沒有愛心，只是缺乏自動自發的精神。

丙戌、丁亥、屋上土：

以土為瓦，而此瓦脆弱，心存依賴，更存愛心，易為瓦下之人擋風雨擋雪霜。

戊子、己丑、霹靂火：

重聲勢，孤注一擲，後繼無力，喜大場面、大生意、喜施號令他人，老板味十足，然而此火行事常在他人意料之外，很果斷。

庚寅、辛卯、松柏木：

土堅毅力強，經得起任何考驗，而不氣餒，百折不撓，心大、志高、常求自己出人頭地，但卻失之對本身的要求過高。

壬辰、癸巳、長流水：

（即河川）私慾極重，喜佔小便宜，永不吃虧，心不大、喜計較、眼光看得很遠。

甲午、乙未、沙中金：

學而不精，似懂非懂，個性堅定，踏實、粗拙、突出、很需要有人加以督導提拔。

丙申、丁酉、山下火：

淺見、自私、自我主義，謀略不足，重理論而忽略了理論最大致命傷，空洞。

戊戌、己亥、平地木：

智慧隱藏於內心，個性剛愎，倔強、恐有懷才不遇，處事有條理，時運格局好，可為國之棟樑。

庚子、辛丑、壁上土：

依賴性重，心理的事不會顯露出來，外人也猜不著，是有愛心，此愛心比較怪，自己的人和外人分別很大。

壬寅、癸卯、金泊金：

若想成功須有人加以督導，加以磨煉，個性較柔，但不可論之柔弱，圓滑，此人有一特點，即適應能力很強。

甲辰、乙巳、覆燈火：

不喜出風頭，平常默默無聞，到需要才能顯示才華，有愛心、但不喜表現，到需要時才能奉獻自己，不得勢時如白天燈火，多此一舉。

丙午、丁未、天河水：

雨水，且愛心，但是否得志，以本身智慧性質定之。

戊申、己酉、大澤土：

人極大方、個性坦率，心雖大但容易滿足，很好相處，此土厚大，不一定道德，心胸寬厚，要配合心性才能知道。

庚戌、辛亥、釵釧金：

外柔內剛，思想個性較文靜，但非斯文，若有才智常把才智埋藏於內心。

壬子、癸丑、桑柘木：

此木作用大，且富愛心、卻失之被動，缺乏自主，行徑木訥，有錢時求助者甚多，求助者非幫助你，所以常在無法不願抵抗的情形之下，失去自我作主。

甲寅、乙卯、大溪水：

心地略狹，私慾略重，現實，雖不陰沈，但心機極重，反反覆覆。

丙辰、丁巳、沙中土：

長相清秀，極會利用時勢成事，心性好壞，都會走極端，變遷快，守成不易，成敗之間沒有定局，大多可承受祖上餘蔭，而另有成就，創新局。

戊午、巳未、天上火：

戊午為太陽則剛，巳未為太陰則柔，在午為公正，明朗，豪爽、充滿愛心，開懷的，心性不計較是非，在未則冷清，斯文、柔和、清雅、背後心情陰晴不定，喜出風頭，喜惡極端。

庚申、辛酉、石榴木：

為潑辣型人物，心硬如鐵，木人石心。

壬戌、癸亥、大海水：

心甚大，善惡之別，常在一念之間，是為大善或大惡之人，以智慧性定之。

12・六書：指事、象形、形聲、會意、轉注、假借

一、指事

指事者：就是察言、觀色、視而可辯，察而可意，即指一事之道理而判斷之。

例：「根」：就是「實」之本。

「誠」：物之終始，不識而物。

二、象形

象形者：與文字象物，隨體識之。

例：「羊」以象形似羊，給人的感覺表示吉祥、溫順。但較無自主性，容易受人所牽制與利用。

「辛」似幸、兔似免、枕似沈，以意義之字辯之。

三、形聲

形聲者，以事為名，取同音之相成。

例：「附」同婦。「府」同拊。「嫣」同嬤。「卜」同哺。

四、會意

會意者：用文字比類合誼，解釋之。

例：「信」人言有信，一言九鼎，君子說出，駟馬難追。子曰：「人無信不立。」

「庭」：尊貴有藏龍之象。凡事必有權柄。

五、轉注

轉注者：適用一字另當一字義解。

例：「行」字，可解行路，亦可解行業的行。

「繪」字，可為繪畫。「繪」可為繪影，比喻連聲音及影像都繪現出來。

六、假借

假借者：用一字為體，再借用別一個字形為用，體用合一，則識之。

例：一、「杏」：口在木下為杏。

二、「君」：口在尹下為君。

三、「吞」：口在夭下為吞。

四、「立」：借人得位，遇水則泣。

13・測字十二心法

一、裝頭心法：

凡遇字體囫圇所間之事，穩約不見，非添數筆於上來顯示字中的涵意。

例：「口」↓吾。台、召。

「曰」↓百、昏、春。

「可」↓苛、奇。

「連」↓蓮、運。

故曰裝頭測法。

二、接腳心法：

凡遇文字如體形，有頭無足，非接腳，去顯示文字奧義。

例：「日」→旦、里、昂、昆、昌、昇。
「人」→合、金、舍、全。
「穴」→空、容、穿。
「日」→易、星、昊、昱等等。

三、穿心心法：

凡字體方正，上下左右齊全，可從中穿入加筆數以斷吉凶。
例：「口」→中。
「曰」→申、重。
「丈」→吏、更。
「二」→于、干、平。

四、破解心法：

將字體分開，從中加入數筆而成文字，謂之破字。以文字來論吉凶。評論而謂之解之。

例：「門」→閃、閂、開、鬧、閂、闢。

「行」→衍、術、衙。

「笑」→算、答、第。

「共」→黃、莫。

五、包籠心法：

以字的本體不動，在字的周圍包裹幾筆，成一字，謂之包籠。

例：「區」→樞、歐、毆。

「貝」→賜、遺、測。

六、添筆心法：

邵康節曰：「當添亦添；其故因不添不足，以畫變化，添乃補不足耳。」

例：「禾」→委、季、秋、秒。

「王」↓弄、旺。

「言」↓訂、計、詩、信。

七、減筆心法：

減去不合理的字意，而很難理解的字，減筆後更能了解其意。

例：「軍」↓車。

「寬」↓見。

「栗」↓木。

「翁」↓羽。

八、對關心法：

此法取頭足首尾，分開判斷，再用四句法測字，需要細心研究。

例：「石」逢皮必破。

「彥」龍頭彪尾。

「人」傍山成仙。

九、摘字心法：

此法將文字中摘下一二細小筆劃，來斷吉凶。

例：「昭」↓刀口。

「但」↓人一。

「調」↓口吉。

「志」↓心。

「同」一口。

十、觀梅心法：

此法最能發揮之潛能，隨心所欲，心境光明，臨機應變。

例：「昭」↓有日落西山之象，有回籠之意。

「水」↓水流通萬里，但水多不宜。

「木」↓木多土緊，宜多。

「義」↓羊與我合成，比喻未年到有順暢之象。

十一、九宮心法：

此法最容易發揮其文字的架構，以致使人悅耳動聽，大抵用兩個字捲，在論斷時只判一字。

例：「吝」字問婚姻，以三日，上有交歡之象，下有和合之形，婚姻美滿必成。

例：「病」字問病之吉凶，人在內，寫時原「病」人在口內，上面主人安穩，下面內人端正，以三日，丙屬火逢土泄氣，其病全癒。

十二、八卦心法：

此法用一卦名，例：坎、離、艮、兌共計八八六十四卦。但論法不能亂談，必須依據易理卦象來判斷吉凶。可參考上開六十四卦。

14・文字拆字範例

一、庭（壬屬水；蛇尾己屬火）

↓解析：宮庭有藏龍的意味，如屬鼠（子）不宜。屬龍（辰）的最好。

二、芳（草頭屬木；一個大口）

↓解析：如屬年（丑）的不宜。牛有大口得喘舌，勞累。

三、宏（大洞穴）

↓解析：如屬虎（寅）的可用。虎蹺腳，喜當老大，蓄勢待發，捕捉臘物。

四、**永**（屬水）
↓解析：如屬兔（卯），（卯）屬木，水生木，人緣好可用。

五、**運**（巳屬火）
↓解析：如屬龍（辰），龍是尊貴之物，不可壓頂。比喻：龍蛇混雜，屬龍不宜。

六、**珠**（赤屬火；王有大的意味）
↓解析：如屬蛇（巳）不宜，蛇不可太大，愈小毒性愈強。

七、蓮 ↘藏水 ↙巳火
↓解析：如屬馬（午）不宜，因蓮花生在水裡，水火不容。

八、康 ↘藏水
↓解析：如屬羊（未）不宜，因子未犯六害。

九、邱 ↘邱是平陽 ↙左邑、平原
↓解析：如屬猴（申）不宜，因猴子不能下平陽，容易受到欺負。

十、**義**（↗羊也未）

↓解析：如屬雞（酉）不宜，羊（未）跟雞（酉），容易受到驚嚇，左右為難、猶豫不決，犯陰。

十一、**水**（↗五行屬水）

↓解析：如屬狗（戌）不宜，落水的狗，狗拿耗子，多管閒事。

十二、**扁**（↗大戶；↙欄杆）

↓解析：如屬豬（亥）可用，關在豬舍，安適，但防物極必反。

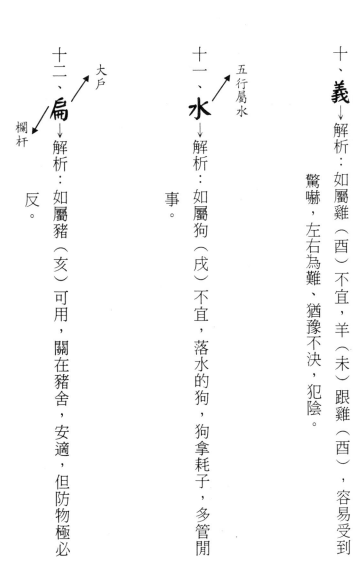

15．姓名學架構與擬定

一、姓名的配置

中國的姓名分有單姓與複名，例如（林建宏）、單姓單名（如：張傑）、複姓複名（如：歐陽玲瓏）或（張簡如玉）、複姓單名（如：上官策）。

姓名學都以姓名分為「天、地、人」三才之配置，再將每部份的細節分為「陰、陽」二小部份，做為推論的架構，便可判斷吉凶禍福。

㈠單姓複名：

天	人	地
姓	名一	名二
林	**建**	**宏**

例：「林」字左邊木為陰邊，右邊木為陽邊，第二個字「建」字左邊廴部為陰邊，右邊聿字為陽邊，第三個字「宏」為上下組合，上為陽邊，下為陰邊。

㈡單姓單名：

天	人	地
姓	名一	
張	**傑**	假一

例：「張」字左邊弓部為陰邊，右邊長字為陽邊，第二個「傑」左邊人部為陰，右邊上下字為陽邊。

㈢複姓複名：

天		人	地
姓一	姓二	名一	名二
張	**簡**	**如**	**玉**

例：「張」字左邊弓部為陰邊，右邊長字為陽邊，第二個字「簡」上面竹部為陽邊，間字屬於內、外組合，外為陽邊，內為陰邊。

第三個字「如」左邊女字為陰，右邊口字為陽，第四個字「玉」屬上下字組合為陽邊。

如果遇到無法拆解的文字，如部首、或獨體的文字，可直接以陰陽套入即可。

二、姓名架構擬定

陰	陽

主體

生年干支

（姓）20 年

天

1. 祖德天
2. 父母
3. 長上

（名一）20 年

人

1. 兄弟姊妹
2. 人際關係
3. 心性
4. 慾望
5. 夫妻情

客體

（名二）20 年

地

1. 不動產
2. 事業
3. 福德
4. 財庫
5. 子息
6. 屬下

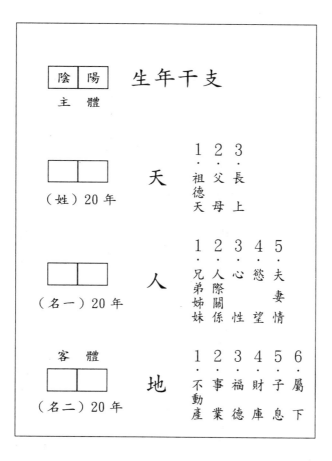

生肖與生肖的干支為主體，亦為本命；姓名為客體代表後天的運程，屬外來的助力與阻力，再配合生肖的喜忌與五行的生剋制化與文字的形、音、意，來推論判斷吉凶悔吝。

1．三才的配置，姓、天格、代表功名：一至二十歲的大運，陽邊管前十年，陰邊管後十年。

2．名一、人格、代表感情：二十一至四十歲運程，陽邊管前十年，陰邊管後十年。

3．名二、地格、代表財祿：陽邊管前十年，陰邊管後十年。

16．生肖姓名斷論基本要點：

1．客體生主體：

必受長上的幫助與寵愛，做事一帆風順，或有貴人援助，賺錢投資報酬率高，夫妻感情和睦，祖先亦有餘德。

2．客體剋主體：

逆運，遭壓迫致勞而無功，有正當的理由但很難溝通，一切事情都在止滯中，有志難伸，犯小人以致名譽遭受毀謗，夫妻不和。

3．主體生客體：

表示升遷受挫，虛有其表，主破耗，賺錢報酬率少，付出多收穫少，不利感情，易有失戀現象。

4．主體剋客體：

代表最具有破壞力，最衝動。性格易變多疑，做事情一意孤行，易受到環境影響而變動，任性、固執，財物破耗，注意夫妻感情。

17·生肖姓名與身體之部位

頭部：1·眉毛髮際以上。2·下巴鼻頭以上。3·下巴以下

身體：1·咽喉以上。2·肚臍之間。3·腹部以下。

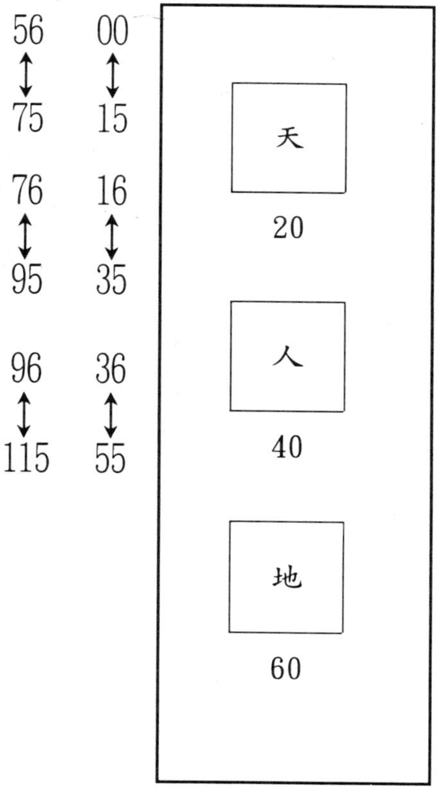

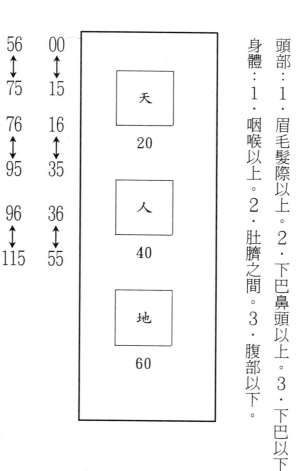

現在台灣的老人愈來愈多，七十歲以上的老人不算老，最近媒體還報導一位八十幾歲的老先生，還娶一位美貌天仙的年輕女子為妻，並且還替他生個男壯丁。

古云：「人生七十古來稀。」這句話已不實用了，現代人吃得好，睡得好，再多運動注意一下自己的健康生活，了解本身體質，而加以防範，相信人人可延年益壽。

以姓名學的三才，各管二十年，加起來共六十歲再回到天格。因姓名學是在彌補八字的缺陷，不能跟八字相提並論，解釋也沒那麼細緻，所以減五年，較能讓大家接受。

18・文字部首

阝（阜），左耳鈎，以阜字為八畫。例：陳（16）阮（12）

月（肉），肉字旁，以肉字為六畫。例：育（10）朕（11）

阝（邑），右耳鈎，以邑字為七畫。例：郎（13）邢（11）

忄（心），立心旁，以心字為四畫。例：忙（7）性（9）

氵（水），三點水，以水字為四畫。例：江（7）汪（8）

王（玉），玉字旁，以玉字為五畫。例：玨（9）珍（10）

艹（艸），草字頭，以艸字為六畫。例：芬（10）苑（11）

礻（示），半體旁，以示字為五畫。例：祖（10）祺（13）

辶（辵），走馬旁，以辵字為七畫。例：超（12）趙（14）

犭（犬），秉犬旁，以犬字為四畫。例：猜（12）狄（8）

扌（手），提手旁，以手字為四畫。例：扶（8）抱（9）

衤(衣),半衣旁,以衣字為六畫。例:衫(9)裂(12)

(註):以上係以文字歸類部首為準,如果不歸列以上部首,則計算實有劃數,如(騰)字屬馬部,非「肉」部,故仍為二十畫。育字屬「肉」字部,故「育」為十畫,不是八畫。

19・畫數容易算錯之文字

五畫：世、卯、巧
六畫：臣、亥、印
七畫：成、廷、初、巡
八畫：政、函、亞、協、武
九畫：表、染、泰、致、飛
十畫：馬、芽、育、酒
十一畫：紫、卿、胡、梁、豚、斌、貫、偉
十二畫：黃、淵、傑、能、傅、壺、盛
十三畫：裕、塚、路、祿、琴、鼎
十四畫：碧、夢、慈、與、實、壽、賓、華
十五畫：賜、郵、廣、養、興、寬

十六畫：錫、燕、導、龍、龜
十七畫：鴻、隆、燦、鄉、聯
十八畫：豐、爵、翼、繡
十九畫：關、贊、蕭、繩
二十畫：露、犧、瓊

20・十二生肖姓名解析

所謂「夫妻相犯」是從出生時所屬的十二生肖來看的。屬羊的忌與屬鼠、屬馬的忌與屬牛、屬蛇的忌與屬虎、屬豬的忌與屬猴、屬兔的忌與屬龍、屬雞的忌與屬狗的人結婚。

如古代流傳下的歌訣：

羊鼠相逢一旦休
自來白馬怕青牛
蛇遇猛虎如刀戳
玉兔見龍雲裡去
豬遇猿猴似箭投
金雞遇犬淚雙流
莫道陰陽無度準

管取夫妻不到頭

由歌訣我們可以看出十二生肖的刑剋，再配合七性與三合、三會、刑沖、六害、關係可以看出一個名字的好與壞，進而在我們安命名時，能過了解屬性與生相制化命個好名字，使人生的歷程更順暢。

一、生肖屬鼠（子）五行屬水：

①三合：辰子辰。

②三會：亥子丑。

③正沖：子午沖。

④六害：子未害。

歌訣：羊鼠相逢一旦休。遇音同者破局。例：楊、揚、音酉、有者。

屬鼠適合文字：品、同、咨、呈、器、名、吾、哲、和、合、員、唯、啟、周、坤、彥、振、宸、震、家、豫、生、皓、星、晨、君、毅、苑、苗、萍、芬、莉、芝、芹、菊、莎、蓉、英、芮、芳、荃、莊、萬、茂、若、芊、茹、形、希、師、帷、彭、彬、紅、純、紳、紐、紗、彤、彰、紀、經、維、緣、初、裕、袖、釋、福、衫、絲、祝、禮、鈞、鋒、錦、鈴、純、鎮、銘、錫。

屬鼠不適合文字：日、昌、明、晶、曉、昭、旨、映、景、光、智、旺、星、伯、仁、傑、伶、仲、介、仙、侍、依、偉、任、伸、佳、俊、倫、何、仕、易、明、晴、傳、佳、以、伍、健、妹、美、善、義、孝、祥、群、羚、儀、善、儀、馮、姜。

例：戊子年生（男）

陰陽
□□ 天格
20
景 12 人格
40
耀 20 地格
60

景：①上面一個日字，日代表太陽，又屬火，屬鼠（子）水、水剋火不宜，而且老鼠怕太陽。

耀：①右邊羽，像一隻雞（酉）而佳，也屬金，所以金生水。

②左邊有光，因鼠怕光見太陽。

③此格吉凶參半，需要有足夠的毅力，才能戰勝一切。

④缺乏理財觀念，需加強。

⑤疾病方面注意胃腸與腎臟之疾病。

二、生肖屬牛（丑）五行屬土：

①三合：己酉丑。

②三會：亥子丑。

③正沖：丑未沖。

④六害：午丑害。

歌訣：自來白馬怕青牛。

屬牛適合文字：家、富、眾、緣、孝、孟、江、洋、滿、洲、江、汪、清、游、學、湯、淑、潔、宏、閎、蘭、豪、李、海、廷、迪、張、紀、妃、楓、弘、凱、發、風、弼、田、禾、強、鳳、虹、醒、鴻、鳴、翰、耀、翔、鳴、建、翟、鶯、鵬、翠、翔、鸞、淳、泰、容、晨、孔、永、聚。

屬牛不適合文字：騰、駒、南、許、馳、驕、美、羨、珠、義、群、駿、馮、馴、景、晴、昕、晃、旻、昌、旭、曙、曉、晶、昭、白、皚、皎、昶、昇、皓、泉、仲、伊、俐、仕、仁、倪、哲、仙、信、伯、倉、何、傑、佩、余、依、侖、保、俊、介、健、儷、紅、紀、純、綺、侃、維、約、綸、瑩、絹、纓、絑、素、帛、沛、希、幀、帆、席、裕、彭、彤、襄、彰、裴、彥、影、褚、彩。

例：辛丑年生（女）

陰陽		數	格
	20		天格
美	40	9	人格
燕	60	16	地格

美：①上面一個羊字屬未、丑未沖。
②注意夫妻感情，需靠自己，不要好高騖遠，順其自然。

燕：①土生金，晚年吉祥，可置產。
②注意心肺血管疾病。

三、生肖屬虎（寅）五行屬木：

①三合：寅午戌。
②三會：寅卯辰。
③正沖：寅由沖。
④六害：寅己害。

歌訣：蛇遇猛虎如刀戳。（虎）喜逢抬頭（升格）不喜忌小（降格）。

屬虎適合文字：林、柳、國、許、成、獄、煌、杰、朋、勝、憑、盛、棟、沛、師、彬、綺、帆、彭、綸、維、纓、祥、祖、希、彥、純、常、褚、絹、福、彤、彰、袁、紅、崑、崢、岳、丘、峰、崔、約、流、清、江、沈、冬、池、法、洲、海、汪、治、泰、峻、永、冰。

屬虎不適合文字：貴、逢、道、坤、神、陳、薇、茵、蔡、蔣、隆、陽、葉、花、茵、華、芬、仿、佳、依、伍、余、修、晶、晏、旺、明、保、俐、倉、仕、旭、哲、曄、晨、智、昭、昱、晃、佑、仙、俊、曹、景、暐、晟、昇、晉、昀、阿、菊、范、萍、董、芝、暉、英、若、隴、菁、芳、暄、衵、曾、何、春、倩、昔、暉、旻、藍、蓮、蘋、英、蘇、令、昕。

（龍）辰：雖三會，因為龍虎鬥不宜用。歌訣：玉兔（卯）見龍（辰）雲裡去。例：瓏、晨、宸、脤、振、農。

例：壬寅年生（女）

陰陽			
□□	假 9	天格	
20			
秋	9	人格	
40			
蘭	22	地格	
60			

秋：①陰邊禾字是代表五穀，因老虎不吃雜量，喜吃肉。

②陽邊火加陰禾形成秋字，秋天五行屬金，金剋木不宜。

蘭：①虎（寅）忌逢廾字，虎有山岳地方最好。蘭字音欄杆的意味，老虎被關籠子裡是不好受的。

③注意肝腎之疾病。

四、生肖屬兔（卯）五行屬木

①三合：亥卯未。

②三會：寅卯辰。

③正沖：卯酉沖。

④六害：辰卯。

歌訣：玉兔見龍雲裡去。兔（卯）喜逢：五穀類的食物。忌逢：大、龍（辰）、蛇（己）。

屬兔適合文字：竹、石、米、禾、木、月、麥、家、梁、珠、朱、祥、洋、象、豫、豪、緣、妹、評、翔、善、溪、港、洲、添、治、泰、涵、儀、聚、群、痒、毅、淳、海、淵、法、虎、獅、瑱、品、若、韋、容、娟、能、希、約、綺、素、沛、彥、席、帆、網、彩、繼、彭、紅、總、裕、裴、祝、胡、紀、幀、纓、帛。

屬兔不適合文字：伶、羽、隘、修、仁、易、晴、偉、翁、志、憲、陽、陳、伯、忠、西、恩、慈、慶、昱、昭、保、憶、鴻、怡、慧、隆、倪、慕、思、福、陰、倫、仙、佳、麗、阿、鳳、傑、復、俐、昇、曾、陸、仕、明、智、倉、曉、布、曹、春、旭。

卯（兔）由歌訣忌逢辰（龍）：龍、晨、辰、宸、賑、壽、農。

例：癸卯年生（女）

陰陽		
□□	假15	天格
20		
儀	15	人格
40		
卿	10	地格
60		

儀：①陰邊人字部兔（卯），不喜歡被人束縛。

②陽邊義字二有羊（未）有半合之象。

③人際好，有貴人，兄弟姊妹有靠。

卿：①陽邊陰邊加起來成（卯）屬木，中央艮字為八卦剛好（寅）方位、艮為土、土多為山，（兔）子被老虎拆成兩半，因屬兔不宜用。

②防夫妻感情。

③注意脾胃方面疾病。

五、生肖屬龍（辰）五行土藏水

①三合：申子辰。
②三會：寅卯辰。
③正沖：辰戌沖。
④六害：卯辰。

歌訣：玉兔見龍雲裡去。龍喜逢大，忌逢小。鎮

屬龍適合文字：日、沛、清、添、坤、明、朋、期、勝、晃、旺、能、湯、孔、沈、洋、淳、珅、江、孟、學、溫、大、王、霖、郭、泉、滿、騰、曉、昭、春、晨、易、晁、朝、晶、能、淑、洪、孫、存、紳、昆、汪、涵、昉、映、淮、霄、智、李、洲、星、宸、龍。

屬龍不適合文字：富、苗、茂、猛、群、威、虎、兔、宅、峰、成、

容、卯、蘭、芬、嵩、彪、卿、逸、進、虹、若、芝、獄、發、建、順、獅、美、界、獻、羚、戰、養、盧、義、惠、菊、華、藍、仰、晃、守、菁、鳳、強、凡、迪、丘、崑、豹、猶、葉、婉。

例：甲辰年生（女）

陰陽			
氵 番（潘）	假16	天格	
20			
金	8	人格	
40			
桃	10	地格	
60			

潘：①陰邊有水龍喜逢水、有升騰之兆。
②陽邊有個田字，因龍不喜下田有降格之象。

金：①龍（辰）五行土藏木庫，喜水相生，喜木比旺、逢金被剋。歌云：忌逢金相剋也。

桃：①陰邊木一土、因龍忌逢草木類。
②兆：像小雞的腳，有酉的意味，有志難伸、大材小用。

③注意肝臟方面疾病。

六、生肖屬蛇（巳）五屬火

①三合：己酉丑。
②三會：巳午未。
③正沖：巳亥沖。
④來害：巳寅。
歌訣：蛇遇猛虎如刀戳。

屬蛇適合文字：善、妹、妞、祥、守、慶、彬、沛、祖、禮、群、羽、金、西、譚、姚、翁、物、特、許、姜、紅、賈、鄭、鍾、美、姝、安、守、彭、巾、繁、純、袁、襄、裕、繼、繆、祝、維、彥、彤、劉、錢、紐、鄔、生、帆、希、權、林、富、盧、惠、梁、東、標、柱、思、迪、桂、榮、專、松、戰、森、楝、穗、根、橋、翟、廖、駿、翔、樹、村、木、騰、酉、義、柏。

屬蛇不適合文字：虎、仙、豪、偉、伸、象、和、禾、春、偉、仲、虔、晴、仁、海、洋、江、治、汪、泉、沈、傳、傑、家、眾、莎、芝、芬、荃、暢、昌、倪、茹、毅、范、苔、任、健、曉、崢、旺、暄、萍、處、河、清、洪、永、南、少、小、芯、怡、池、海、苗。

例：乙巳年生（男）

陰陽			
（空）	假10	天格	
20			
文	4	人格	
40			
堯	12	地格	
60			

文：①蛇沒有腳，有此類的字，應沒有意義，只是畫蛇添足而已。

②相對的表示無助，增添麻煩，拖累、受到阻礙的現象。

堯：①普通人對堯、禹、舜、雍、熙的字千萬不要用。如果沒有好的八字往往厄運連連連。

②土多為山，堯有藏虎之象，由歌訣得知忌逢寅如刀戳。

③注意外來的傷害，如車禍外傷極重。

七、生肖屬馬（午）五行屬火

①三合：寅午戌。

②三會：巳午未。

③正沖：子午沖。

④六害：午丑。

歌訣：自古白馬怕青牛。

屬馬適合文字：婉、羨、群、發、弘、姝、善、進、米、梁、荳、豐、建、禾、連、帆、群、祥、連、宏、容、龔、寵、家、宸、巾、采、彭、維、裕、希、彥、彰、繆、袁、裴、襄、總、庭、選、約、素、彬、彩、彤、芬、蓉、苗、苔、茂、蒼、若、莉、蓉、菁、莊、茹、祝、禮、社、祖、苗、菊、村、柱、樹、標、橋、榕、格、松、林、柏、柄、棟、東、權、榮、樂、運、蜂、趙、強、張、蜿、延、超、起、成、狄、猛、號、虔、演、爐、豹、城、戎、戊、蜀、翔、獻、宥、宛、康、府、宅、室、紋、綢、廣、代、佑、候、佳、依、仙、今、伸。

屬馬不適合文字：孔、永、承、妞、隆、造、洲、游、孟、涵、泉、星、牧、洋、潔、淳、泰、清、田、名、呂、苗、界、台、同、申、吉、畢、留、召、和、哲、富、思、吉、男、君、哲、商、喜、岡、崗、崙、嶺、甸、崎、異、崔、峻、甲、福、崢、岷、嵩、役、律、當、德、番、峨、屹、彼、得、征、昱、暉、暢、旦、旭、昌、晴、曜、旻、明、時、江、湯、池、溫、晃、洋、河、志、怡、惟、慈、愈、胡、朗、育、慎、忠、惠、愿、思、曉、沙、汝、水、潤。

例：甲午年生（男）

陰陽

林		天格
20		
建	9	人格
40		
庭	10	地格
60		

林：①馬在姓名學中最喜歡有草字五穀類文字。

②馬（午）五行屬火陰陽都是木，木生火入格

③對長上孝順，父母對他有幫助，人緣好，而且聰明，很早就能成功。

建：①陰邊廴（巳）三會。

②兄弟姊妹感情好，夫妻和諧，二十一～四十歲一帆風順。

庭：①馬喜歡大洞穴，代表安全，有靠山，陰邊（广）一個大戶，陽邊廷有（蛇）巳字又三會，庭字又有藏龍之象。

②馬遇龍升格成為龍馬精神，所以馬喜歡

龍辰會。

③財庫滿、事業皆可順暢。

④注意腎方面疾病。

八、生肖屬羊（未）五行屬土藏火

①三合：亥卯未。

②三會：巳午未。

③正沖：丑未沖。

④六害：未子。

歌訣：羊鼠相逢一旦休

屬羊適合文字：荃、芝、家、朋、紅、翔、寅、宋、木、聚、容、芊、蔡、蓓、茵、杰、善、約、芸、苓、蒠、葉、紀、炳、許、豪、蓁、蘭、芳、苗、莠、印、養、群、宇、寬、黃、藍、蕭、芯、美、憲、華、蕙、茹、萬、棟、宗、宸、宋、梁、松、格、柏、蘇、定、室、馮、煌、姜、菁、桂、村、柱、豆、標、菊、柏、逸、勉、駿、宜、寶、客、蕙、羚、官、宗、宙、寧。

屬羊不適合文字：清、惟、洋、恒、象、朝、河、沈、注、意、恩、沛、豫、法、惠、永、惜、治、朔、忠、大、水、主、勝、朋、車、心、騰、慈、紀、純、裕、紡、晨、彤、老、慧、常、紹、龔、有、紋、彭、希、必、素、彥、彬、牛、游、孟、郭、紋、范、彰、孫、紫、孟、李、津、潔、潘、季、洲、湯、鴻、沅、治、涵、洛、江、溪、潭、汝、泳、海、洪、溫、濃、淵、湘、滿、凌、鴻、浩、添、潘、澄、湘、滄、戈、紐、孝、亨、浦、淼。

例：乙未年生（女）

陰陽		
▯▯ 20		天格
瓊 40	20	人格
美 60	9	地格

瓊：①陰邊玉字旁，有玉石俱焚的意味，陽邊有把刀加上好多個的口，又蹺腳。如十二生肖有羊、豬、雞之類動物容易受到宰割當祭品，最好不用為宜。是屬於犧牲奉獻，奉獻犧牲的性子。

②個人主觀意識強、個性強硬，對長上意見不接受，且反駁。

③注意夫妻的感情，盡量包容。

美：①羊（未）有三會的格局。

②注意心肺血管疾病。

③晚年將更美好。

九、生肖屬猴（申）五行屬金

①三合：申子辰。

②三會：申酉戌。

③正沖：寅申沖。

④六害：申亥。

歌訣：豬遇猿猴似箭投。

屬猴適合文字：孟、湯、麗、醫、泓、汝、宏、宋、泉、麒、鄭、然、猛、家、依、彬、市、綵、素、威、季、湖、農、成、沈、法、裕、綸、紅、沖、宸、彭、沛、袁、繡、帝、帆、祝、祥、纓、宇、洲、淑、伸、約、維、席、福、祖、江、汪、泉、儂、添、繁、繼、幀、法、港、翁、林、蘋、襄、佳、綴、仁、沼、游、淳、茂、綺、茜、永、絨、釋、縷、涵、河、淼、安、湖、縈、衫、禮、厚、府、固、庠、圓、立、童、竣、原。

屬猴不適文字：坤、璌、培、堅、豪、虎、象、地、基、家、堆、豹、迪、趙、張、虹、越、蜂、廷、蟬、建、連、弼、造、秋、運、梁、達、豐、程、科、登、雅、秀、由、怡、憶、育、念、旻、屹、旭、峰、阿、都、岱、岳、崢、邢、炎、烈、鄭、峨、崇、郭、煌、焜、耿、聖、熊、聰、煙、岡、崎。

例：甲申年生（男）

陰陽	筆劃	格
▯▯		天格 20
志	7	人格 40
豪	14	地格 60

志：①仕途可取，土生金，但猴子不喜歡吃肉。

②夫妻很難相處，需有耐心與毅力，不然容易分離。

③中年後性情變得不穩定，自己無法掌握。

豪：①猴子喜歡小，不喜當大，逢大就是出頭，比喻不自量力，喜歡出風頭。

②下面家相豬的形態。歌訣：豬（亥）遇猿猴（申）似箭投。豬怕猴。

③做事不敢去做，顧前顧後，沒有擔當，易錯失良機

④不動產，錢財不穩定。

⑤注意心肺血管疾病。

十、生肖屬雞（酉）五行屬金

①三合：巳酉丑。

②三會：申酉戌。

③正沖：卯酉沖。

④六害：酉戌。

歌訣：金雞遇犬淚雙流。

屬雞適合文字：定、梁、生、進、發、几、官、土、戊、米、豆、凱、粟、連、禾、弘、特、宏、宙、強、宜、安、寬、進、宋、帆、彭、綸、袁、褚、緣、紅、師、彰、綺、維、績、絹、襄、斐、紀、祝、社、純、綱、沛、彥、彬、市、彤、絨、平、華、堆、章、坤、祥、堅、基、禮、繼、祖、培、繁、聿、裕、申、成、候、茂、牟、趙、建、誠、隆、皓、和、秋、甲、福、甸、祝、素、帝、富、庭、官、康、宮、圳。

屬雞不適合文字：友、光、允、炎、燕、文、宏、叔、先、煌、烈、其、雄、交、公、為、育、朔、懷、怡、思、志、忠、朋、慈、朝、念、照、卿、國、然、威、勉、仁、信、倡、健、狄、焱、盛、倪、傑、城、猛、倩、倫、誠、伯、伸、大、玉、仕、長、王、仙、何、余、君、人、伍、俐、侃、伯、水、來、信、侯、傳、俊、修、任、慧、依、保、備、嶽、葳、狀、伸。

例：辛酉年生（女）

陰陽			
（假）	假13	天格	20
秋	9	人格	40
華	14	地格	60

秋：①陰邊禾字，代表五穀類，雞喜歡雜糧，陽邊火字，因生肖屬雞（酉）屬金，火剋金稍遜。

②母親較疼你，而父親較嚴肅。

③夫妻雖有成見，但多能迎刃而解。

華：①雞喜逢單腳的文字（金雞獨立格）。

②能自創事業，而且工作順暢，福德增長。

③注意脾、胃方面疾病。

十一、生肖屬狗（戌）五行屬土

①三合：寅午戌。

②三會：申酉戌。

③正沖：辰戌沖。

④六害：酉戌。

歌訣：金雞遇犬淚雙流。

屬狗適合文字：祥、彬、裕、社、祖、彩、帆、袁、綺、布、彥、彭、繡、綸、培、境、口、祖、神、沛、常、彰、希、繼、約、緻、繆、衫、福、坤、由、萬、基、略、維、師、彤、地、堆、影、祝、禮、志、怡、慈、惠、瑱、駱、駟、馮、駒、思、騰、慧、盧、獻、驛、伸、勝、怡、念、性、驊、驕、駐、芯、菁、騁、馴、紳、家、宏、許、俱、存、宇、安、駿、虞、南、爐、駿、紳、寅、信、暢、儲、康、容、宗、宙、庫、仙、佳、候、庠、宋、伯、依、代、仕、倍、少、紋、祝、裴、紀、紅、紋、器、略、雷、富、萬、申、朋、憶、恬。

屬狗不適合文字：太、大、君、將、帥、菊、豐、秀、禾、展、兆、翟、鑫、廖、宸、農、麗、民、鴻、銳、翊、震、習、羽、醒、慶、龍、梁、豐、精、隆、紐、牟、生、美、群、詳、洋、牧、產、奇、冠、令、玉、玫、天、首、珪、琨、夫、琇、珍、姜、義、羚、崙、崧、岳、屹、峻、古、司、呈、台、呂、吉、高、喬、旦、明、昀、旻、昱、昆、科、程、粘、粉、秋、穎、旭、日、昭、旬、然、炎、熊、烈、為、煌、峰、嵩、峨、山、巍、岩。

例：甲戌年生（男）

陰陽		
（假）	假13	天格
20		
志	7	人格
40		
雄	12	地格
60		

志：①陰邊土，火生土，陽邊心字，狗代表肉食動物。

②能得到親朋好友的協助與認同。

③夫妻和諧，平安順遂。

雄：①陰邊厷字部，狗不喜歡蹺腳，不得地，陽邊佳字像雞（酉）雖三會，但也相害也不宜。

歌訣：「金雞遇犬淚雙流」的破綻。

②四十以後較諸事不順，感情多波折，辛苦、勞碌。

③注意肺部、頭部方面疾病。

十二、生肖屬豬（亥）五行屬水

①三合：亥卯未。

②三會：亥子丑。

③正沖：己亥沖。

④六害：申亥。

歌訣：豬遇猿猴似箭投。

屬豬適合文字：卿、義、祥、儀、少、木、竹、子、豆、禾、群、美、善、梁、米、柳、孫、生、造、皓、游、迎、羚、妞、宋、宜、寶、安、宗、憲、寬、定、宸、宙、寰、寧、鈴、銘、鐘、鎮、鈞、鋒、鎔、錫、秦、秋、田、豐、稚、秉、甸、甲、苗、彭、精、登、申、富、銅、錦、鍾、銀、由、鍵、李、海、溫、清、洪、潔、李、孟、添、港。

屬豬不適文字：虹、蜿、佩、張、大、長、君、王、妃、紀、凱、強、弘、毅、怡、意、慎、慈、帝、木、人、惠、憶、慧、宸、官、宜、仁、伍、任、伶、仕、仲、宋、安、寧、憲、寬、定、寵、宙、倩、傳、傑、伯、伸、何、倪、倡、信、修、余、佩、侯、健、俊、倫、來、俐、佐、作、保、偉、傳、坤、園、紳、遠、選、達、進、逢、送、袁、裕、裴、紀、約、希、彥、彤、綸、綺、維、緣、襄、市、彩、彰、迪、述、逢、逸、造、通、絹、纓、素、絨、幀、風、迢、供、道、綠、褚、衿、褒、祖、祝、釋、神、社、禮、袖、幕、形、綱、縈、綴、師、常。

陰陽

假 9　天格

20

彥　人格

40

岳　地格

60

彥：①豬不喜彩衣，忌出頭，屬於豬、羊、雞三牲類的不宜，等於上供桌當祭品。

②夫妻緣薄，賺錢辛苦，早離勞碌。

岳：①陰邊丘是平原，陽邊山也是平陽，因豬不喜歡平原，喜洞穴，比較有安定的家。

②（豬）可形容：身穿一件大黑衣，翻山過嶺去娶妻。比喻：飽暖思淫慾。有錢就會作怪。

③一生浪蕩，居無定所。

④注意脾、胃、腎臟之疾。

21・常用文字及五行

一畫之部

五行 文字

土：一、乙

二畫之部

金：人、入

水：也、卜、匕

土：二、儿

火：乃、刀、刁、丁、力、了

三畫之部

金：山、夕、三、已、勺、刃、川、小、上、下、寸、彡、士
木：干、廾、口、弓、工
水：凡、万、凡
火：大、巾、夂、孑、丈、女
土：丸、己、弋、于、尤

四畫之部

金：手、日、什、切、心、丑、氏、水、仁、厷、才、兮、壬、仄、四、仍、欠、犬、仇、少、冗、心
木：孔、丏、亢、公、戈
水：父、幻、戶、木、不、方、化、火、分、夫、毛、亙、午、反、比、片

火：支、之、太、中、斗、內、爪、介、止、斤、屯、介、天、仃、牛、今

土：牙、元、牛、曰、勻、允、卯、月、云、友、文、引、刈、予

五畫之部

金：玄、巧、穴、司、申、丘、石、市、召、矢、巨、冉、生、出、且、兄、史、司、去、仔

木：甘、古、可、功、瓜、功、句

水：皮、民、本、白、布、丙、矛、未、丕、乎、卯、乏、目、付、平、禾、必

火：札、正、只、尼、田、加、主、立、台、奶、旦、叫、召、占、代、甲、凸、冬

土：五、玉、王、凹、右、由、用、幼、戊、冗、永、未、以

六畫之部

金：自、金、再、求、任、屹、在、式、戍、如、臣、亘、早、守、企、充、曲、次、先、字、旬、休、守、行、夙、旭、舛、妃

木：亘、圭、光、匡、艮、合、考

水：帆、卉、百、伏、朴、米、好、冰、牟、亥、名、每、份、回、仿

土：有、羊、伊、仰、宇、因、聿、亦、屹、衣、印、安、圮、伍

七畫之部

金：君、孝、采、秀、邵、系、池、杞、呈、束、圻、忍、伸、佐、佘、杏、成、岑、孜、汕、刪、汝、劭、巡

木：更、坎、困、旰、克、谷、告

水：步、貝、兵、牡、含、吩、妙、伯、坊、妣、甫、亨、佈

火：車、江、但、男、助、均、弟、良、局、住、志、利、伶、坍、壯

、杜、克

土：位、我、延、巫、言、余、吳、邑、治、言、完、佑、彣、谷

八畫之部

金：幸、初、奇、使、長、宗、昌、享、承、炘、昕、松、昇、姍、沁、其、姓、青、抄、枝

木：岡、侃、官、坤、旰、昆、固、供、果、庚

水：和、秉、朋、孟、奉、門、虎、坪、明、阜、旻、帛、房、服、汾

火：垌、京、周、來、忠、佳、東、直、林、長、定、金、季、宙、妮、岱、狄、居、卓、典、其、玖、具、枝、店、妤

九畫之部

金：重、星、施、秋、思、泉、相、柴、治、首、春、前、省、芊、芍、信、姝、姿、宣、查

木：冠、柯、科、奎、客、癸

水：美、風、柏、柄、勉、泯、泓、曷、保、泛、虹、芃、侯、咪、盼、咪、紅、法、河、枹

土：俞、弈、羿、韋、紈、勇、施、紆、垣、耶、昱、玟、宥、姸、匽、玥、爰、垠、映、油

火：施、扁、勁、軍、律、貞、致、皆、柳、姜、泰、柱、紀、注、帝、沼、南、峙、俐、玦、界

十畫之部

金：洳、奚、倉、校、倩、倡、珊、時、芩、訓、祖、素、紗、城、效、夏、虔、秦、容、芮

木：皋、高、哥、埂、耿、家、格、耕、洸、倌、恭、根、洸、肯、股、貢、庫

水：紡、恒、珉、珀、桓、芙、馬、蚡、旁、配、花、笆、晃、祕、芬

、洛、芳

火：津、紐、倪、桐、芷、玲、娟、娘、島、芥、株、留、芝、桃、洲
、恬

土：洋、芸、育、袁、貽、紋、秧、殷、翁、員、晏、倚、迂、恩、育
、芫、宴、祐、娥

十一畫之部

金：許、邢、若、釵、婕、強、眭、崇、參、晟、笙、崎、苒、茄、珣
、娶、埼、堆、紳、常、乾、晨、曹、從、雪、胥、崧、梓、崔、
強、旋、啟、勛、茌

木：貫、堃、班、崗、珙、崑、康、國、罡、乾

水：曼、屏、彬、海、浦、彗、邦、斌、麥、靡、畢、茂、偟、符、苞
、埤、梅、苹、培、范

火：苓、苔、朗、第、蛉、得、涓、崙、埝、章、偕、梨、珠、羚、堆

、崢、基、振、悌、堂、將、振、得、健、紾、堅、涂

土：魚、野、迎、望、翌、曼、娼、尉、苡、婉、英、唯、苑、翊

十二畫之部

金：盛、斯、勝、然、清、喜、喬、淞、巽、淑、棋、猜、情、淇、荼
、荃、舜、程、單、茹、善、項、程、茜、琇、尊、邱、朝、森、
項、茲、欽、晴、淳、邵、絲、超

木：預、幸、貴、凱、焜、涵、款、開

水：扉、惠、排、番、復、皓、黃、富、普、傅、費、棉、弼、淮、茗
、賀、雰、馮、彭、黑、貿、媒、棻、棼、閔、博、發、報、閎、
評

火：鈕、接、添、涼、覃、掙、筑、單、椎、登、焦、註、童、堤、能
、淋、軫、統、竣、甯、晶、景、量、犁、朝、婷

土：壹、淵、媛、雯、胭、焱、圍、茵、椅、貽、雅、為、庾、軼、堯

、崴、詒、雲、詠、越

十三畫之部

金：嵩、楚、椿、祺、莎、肅、傳、勤、新、焭、熙、新、睬、暄、阼、頌、琴、評、詳、詮、群、琦、琪、莘、頊、秋、楮

木：賈、感、港、賅、楷、邽、琯、莞、琨、幹

水：號、楓、湖、莆、荷、瓶、媽、會、煥、盟、稟、湄、莫、蜂、琥

火：敬、農、鼎、湯、賈、稜、琳、當、廉、照、暖、琚、詹、粱、塗、睫、塘、琤、睜、植

土：瑩、毓、義、楊、莞、愈、煒、裕、愛、筠、琰、暘、湧、游、嫈、莠、雍、煜、意

十四畫之部

金：溪、菖、萇、綜、獅、綺、旗、肅、實、慈、萃、颯、駟、銜、綢

、造、韶

木：銑、構、睽、愷、誥、歌、綱、閤、閣

水：鳴、萍、萌、輔、碧、夢、逢、銘、福、閩、僕、琿、郝、墁、鳳
、豪、菲、華

火：端、碟、寧、菁、綠、對、廖、菊、萊、誌、嫡、銅、綾、置、趙
、郡、箕、郎、綸、綠

土：蜿、源、錮、鉥、瑋、語、維、溢、蜼、墉、瑜、說、瑛、瑀、榮

十五畫之部

金：賜、霄、賢、興、嵚、諆、嫺、駟、嬋、踩、緒、請、嬈、鋅、慶
、署、增、葉、駛、墀、惷、數、箱

木：葛、寬、郭、廣、鞏、葵、概、瑰

水：嶓、暮、廟、範、緬、標、鋒、葆、瑪、輝、慧、漂、漫、賠、葒
、滿、漢、鉉、洪

土：碩、閱、墀、增、葉、穎、蓃、葦、漁、葳、萬、瑤、逸、樂、儀、歐

十六畫之部

金：蓁、勳、學、蓉、蒼、蒨、潤、澄、憲、橙、蘇、誠、諠、陳、融、熾、儒、曉、彊、熹、錡、璁、螄、燊、器、諼

木：縞、過、橄

水：蓓、奮、燔、蒲、潘、澎、霏、鄘、謀、蒙、遑、嬛、樺

火：壇、錄、盧、滕、豬、璋、縝、頭、駱、曆、燈、蹀、陸、道、導、冀、潼、龍、靜、霖、達、陵、陶、諾、錦

土：頤、甌、諭、諳、螠、陶、遇、曄、豫、園、諺、螢、衛、燕、餘

十七畫之部

金：嶸、霜、簇、駸、禧、霞、燦、償、擇、謙、謝、臏、隋、穗、縱

、澤、擎、禪、鄉、鄒
木：闊、懇、顆、鍇、檜、鍋、糠、蟈
水：鴻、縵、壕、蓬、懋、餛、嬪、皤、鍠、鎂、韓、璜、璞、幫
火：駿、鞠、鍵、璣、磷、璟、臨、聯、舉、澧、濂、磯、璐、瞳、隊
、隆
土：錫、蔭、應、陽、隃、嬰、闈、優、鄔、遠、遙

十八畫之部

金：礎、軀、蕭、蟬、適、儲、騏、曙、蕊、膳、繒、瞿、壕、鎔
木：鎧、檻、壙、歸、鯁
水：豊、檳、騑、謬、濛、濠、覆
火：蕩、騋、戴、聶、穠、蟜、鎵、雛、鎮、濟、濤、璿、織、舊、職
土：歟、曜、鎢、璦、鎰、濰、顏、燿、魏、蕓

十九畫之部

金：璽、璿、簽、麒、識、薪、贈、鏘、寵、鯧

木：曠、鯤、騤、關、鏮

水：薈、鵬、繪、鄱、譁、穫、譜

火：證、譚、障、薐、蕾、餾、醮、疆、鏐、襛

土：蟻、願、韻、鏞、臆、薇、瀅、霧、遺、薏、膺、穩

二十畫之部

金：薩、鰓、贍、襦、薰、馨、獻、瓊、騫、觸

木：蠔、酆、礦、還

水：寶、飄、繽、饅、臏、歡

火：羅、藍、鐘、露、鐓、醲、齡、鐃、繼、瀝

土：瀛、瀠、議、耀、鄴、譯、嚴、邀

二十一畫之部

金：饒、續、隨、攘、屬、隧、蠢

木：纘、顧、饋

水：贔、鐶、辯、藩

火：藜、鐮、鐸、欄、瓏、鏈、瀾

土：藥、鶯、礐、攖、鷁、藝、躍、櫻

二十二畫之部

金：藻、驍、攝、饗、蘇、響、贖

木：酈、爟、灌

水：蘋、鰻、驊、灃、蘅、藿

火：籠、鑑、讀、驕、躒

土：瓔、儼、藹、鷗、蘊、隱

二十三畫之部

金：鑠、顯、灑

木：瓘、蠱

水：蘗、鑣、鬟

火：蘭、戀、麟、體、灘

土：巖、驗、纓、讌

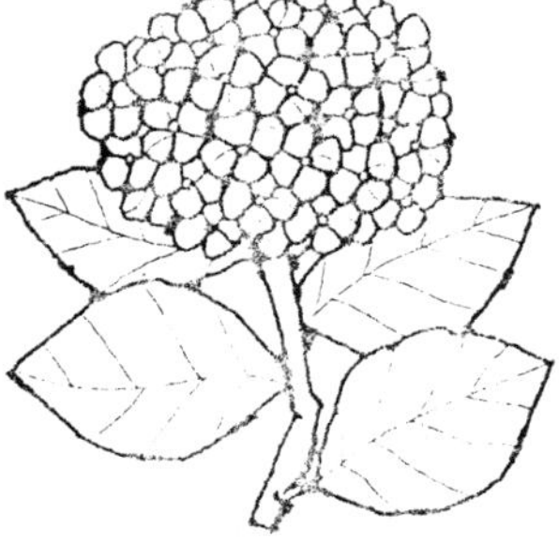

22．姓名的吉凶理數

夫道不可以言傳、不可以名紀，道生天地，以數定人生富貴貧賤，若人能夠知數用數，以數推理，自可趨避凶，轉禍為福，雖屬妙用，而是真理存在，凡人降生之時，能借得天地之吉，一生氣運好壞，全憑生剋之理，變化吉凶也。

姓是先天命，名是後天命，名字行四十歲以下為中年運，總數行四十歲以上為晚年運，再參照八十一數吉凶禍福便知也！

姓名有陰有陽，文字亦有，陽自陽、陰自陰，男以女為家，有男不可無女以維之，有女不可無男以和之，大而天地，小而人類，陰陽二字相合而不可分離，內經云：「孤陰不生，孤陽不長。」若姓名或商店、公司、文字有全陰全陽之分，剛柔之別，有先貧窮而後得時運轉為富有，或先得運而後遭到失敗，這都是陰陽之偏枯，造化之專。

23·最新改名條例

姓名條例

中華民國四十二年二月二十日立法院制定全文十條
中華民國四十二年三月七日總統公布施行
中華民國五十四年十一月十九日修正一條
中華民國五十四年十二月一日公布
中華民國七十二年十一月八日修正一條
中華民國七十二年十一月十八日公布施行
中華民國八十四年一月五日修正一條
中華民國八十四年一月二十日公布
中華民國九十年六月一日修正

中華民國九十年六月二十日公布

第一條（本名）

中華民國國民之本名，以一個為限，並以戶籍登記之姓名為本名。

臺灣原住民之姓名登記，依其文化慣俗為之；其已依漢人姓名登記者，得申請回復其傳統姓名；回復傳統姓名者，得申請回復原有漢人姓名。但以一次為限。

有戶籍國民與外國人、無國籍人結婚，於辦理登記時，其配偶之中文姓氏，應符合我國國民使用姓名之習慣。

無戶籍國民與外國人、無國籍人結婚，其在臺灣地區出生子女之中文姓氏，或外國人、無國籍人申請歸化我國國籍者，其中文姓氏，準用前項之規定。

第二條（姓名登記）
戶籍登記之姓名，應使用教育部編訂之國語辭典或辭源、辭海、康熙等通用字典中所列有之文字。但原住民之傳統姓名得以羅馬拼音並列登記，不受前條第一項之限制。
姓名文字未使用前項通用字典所列有之文字者，不予登記。

第三條（應用本名事項）
國民依法令之行為，有使用姓名之必要者，均應使用本名。

第四條（應用本名事項）
學歷、資歷、執照及其他證件應使用本名；未使用者，無效。

第五條（應用本名事項）
財產之取得、設定、喪失、變更、存儲或其他登記時，應用本名，其未使用本名者，不予受理。

第六條（改姓冠姓）

有下列情事之一者，得申請改姓：

一、被認領者。

二、被收養或終止收養者。

三、其他依法改姓者。

夫妻之一方得申請以其本姓冠以配偶之姓或回復其本性；其回復本姓者，於同一婚姻關係存續中，以一次為限。

第七條（改名）

有下列情事之一者，得申請改名：

一、同時在一機構、機關、團體或學校服務或肄業，姓名完全相同者。

二、與三親等以內直系尊親屬名字完全相同者。
三、同時在一直轄市、縣（市）居住六個月以上，姓名完全相同者。
四、銓敘時發現姓名完全相同，經銓敘機關通知者。
五、與經通緝有案之人犯姓名完全相同者。
六、命名文字字義粗俗不雅或有特殊原因者。
依前項第六款申請改名者，以二次為限。但未成年人第二次改名，應於成年後始得為之。

第八條（更改姓名）

有下列情事之一者，得申請更改姓名：
一、原名譯音過長或不正確者。
二、出世為僧尼者或僧尼而還俗者。
三、因執行公務之必要，應更改姓名者。

第九條 （本名之更正）

在本條例施行前，有第四條、第五條所定未使用本名情事者，應於本條例施行後，向原權責機關（構）、學校、團體申請更正為本名；有第四條所定未使用本名情事者，得以學歷、資歷、執照、其他證件或其他足資證明文件之名字為準，向戶政事務所申請更正本名。

前項之申請，以一次為限。

第十條 （改姓冠姓改名之申請人）

依前四條規定申請改姓、冠姓、回復本姓、改名、更改姓名或更正本名者，以當事人或法定代理人為申請人。

第十一條 （申請改姓冠姓改名之生效日）

依本條例申請改姓、冠姓、回復本姓、改名、更改姓名或更正本名者，除法律另有規定外，自戶籍登記之日起，發生效力。

第十二條（不得申請更改姓名之情形）

有下列情事之一者，不得申請更改姓名：

一、經通緝或羈押者。

二、受宣告強制工作之判決確定或交付感訓處分之裁定確定者。

三、受有期徒刑以上刑之判決確定而未經宣告緩刑或未執行易科罰金者，但過失犯罪者，不在此限。

第十三條（施行細則之訂定）

本條例施行細則，由內政部定之。

第十四條（施行日期）

本條例施行日期，由行政院定之。

作者簡介

編著：林虹余，台灣省屏東縣人

曾任：高雄市命理研究會理監事

高雄市命理研究會紫微斗數第四屆學術委員

高雄市命理研究會第二期紫微斗數講師

著作：『六十甲子籤解秘訣』、『綜合易卦姓名學』、『手掌機密』

大展出版社有限公司 品冠文化出版社	圖書目錄
地址：台北市北投區（石牌） 致遠一路二段 12 巷 1 號 郵撥：01669551＜大展＞	電話：(02) 28236031 28236033 傳真：(02) 28272069

・少年偵探・品冠編號 66

1. 怪盜二十面相（精）江戶川亂步著 特價 189 元
2. 少年偵探團（精）江戶川亂步著 特價 189 元
3. 妖怪博士（精）江戶川亂步著 特價 189 元
4. 大金塊（精）江戶川亂步著 特價 230 元
5. 青銅魔人（精）江戶川亂步著 特價 230 元
6. 地底魔術王（精）江戶川亂步著 特價 230 元
7. 透明怪人（精）江戶川亂步著 特價 230 元
8. 怪人四十面相（精）江戶川亂步著 特價 230 元
9. 宇宙怪人（精）江戶川亂步著 特價 230 元
10. 恐怖的鐵塔王國（精）江戶川亂步著 特價 230 元
11. 灰色巨人（精）江戶川亂步著 特價 230 元
12. 海底魔術師（精）江戶川亂步著 特價 230 元
13. 黃金豹（精）江戶川亂步著 特價 230 元
14. 魔法博士（精）江戶川亂步著 特價 230 元
15. 馬戲怪人（精）江戶川亂步著 特價 230 元
16. 魔人銅鑼（精）江戶川亂步著 特價 230 元
17. 魔法人偶（精）江戶川亂步著 特價 230 元
18. 奇面城的秘密（精）江戶川亂步著 特價 230 元
19. 夜光人（精）江戶川亂步著
20. 塔上的魔術師（精）江戶川亂步著
21. 鐵人Q（精）江戶川亂步著
22. 假面恐怖王（精）江戶川亂步著
23. 電人M（精）江戶川亂步著
24. 二十面相的詛咒（精）江戶川亂步著
25. 飛天二十面相（精）江戶川亂步著
26. 黃金怪獸（精）江戶川亂步著

・生活廣場・品冠編號 61・

1. 366 天誕生星 李芳黛譯 280 元
2. 366 天誕生花與誕生石 李芳黛譯 280 元

3.	科學命相	淺野八郎著	220 元
4.	已知的他界科學	陳蒼杰譯	220 元
5.	開拓未來的他界科學	陳蒼杰譯	220 元
6.	世紀末變態心理犯罪檔案	沈永嘉譯	240 元
7.	366 天開運年鑑	林廷宇編著	230 元
8.	色彩學與你	野村順一著	230 元
9.	科學手相	淺野八郎著	230 元
10.	你也能成為戀愛高手	柯富陽編著	220 元
11.	血型與十二星座	許淑瑛編著	230 元
12.	動物測驗—人性現形	淺野八郎著	200 元
13.	愛情、幸福完全自測	淺野八郎著	200 元
14.	輕鬆攻佔女性	趙奕世編著	230 元
15.	解讀命運密碼	郭宗德著	200 元
16.	由客家了解亞洲	高木桂藏著	220 元

・女醫師系列・品冠編號 62

1.	子宮內膜症	國府田清子著	200 元
2.	子宮肌瘤	黑島淳子著	200 元
3.	上班女性的壓力症候群	池下育子著	200 元
4.	漏尿、尿失禁	中田真木著	200 元
5.	高齡生產	大鷹美子著	200 元
6.	子宮癌	上坊敏子著	200 元
7.	避孕	早乙女智子著	200 元
8.	不孕症	中村春根著	200 元
9.	生理痛與生理不順	堀口雅子著	200 元
10.	更年期	野末悅子著	200 元

・傳統民俗療法・品冠編號 63

1.	神奇刀療法	潘文雄著	200 元
2.	神奇拍打療法	安在峰著	200 元
3.	神奇拔罐療法	安在峰著	200 元
4.	神奇艾灸療法	安在峰著	200 元
5.	神奇貼敷療法	安在峰著	200 元
6.	神奇薰洗療法	安在峰著	200 元
7.	神奇耳穴療法	安在峰著	200 元
8.	神奇指針療法	安在峰著	200 元
9.	神奇藥酒療法	安在峰著	200 元
10.	神奇藥茶療法	安在峰著	200 元
11.	神奇推拿療法	張貴荷著	200 元
12.	神奇止痛療法	漆浩　著	200 元

・彩色圖解保健・品冠編號 64

1.	瘦身	主婦之友社	300 元
2.	腰痛	主婦之友社	300 元
3.	肩膀痠痛	主婦之友社	300 元
4.	腰、膝、腳的疼痛	主婦之友社	300 元
5.	壓力、精神疲勞	主婦之友社	300 元
6.	眼睛疲勞、視力減退	主婦之友社	300 元

・心 想 事 成・品冠編號 65

1.	魔法愛情點心	結城莫拉著	120 元
2.	可愛手工飾品	結城莫拉著	120 元
3.	可愛打扮 & 髮型	結城莫拉著	120 元
4.	撲克牌算命	結城莫拉著	120 元

・熱 門 新 知・品冠編號 67

1.	圖解基因與 DNA （精）	中原英臣 主編	230 元

法律專欄連載・大展編號 58

台大法學院 法律學系／策劃
法律服務社／編著

1.	別讓您的權利睡著了⑴	200 元
2.	別讓您的權利睡著了⑵	200 元

・名師出高徒・大展編號 111

1.	武術基本功與基本動作	劉玉萍編著	200 元
2.	長拳入門與精進	吳彬 等著	220 元
3.	劍術刀術入門與精進	楊柏龍等著	220 元
4.	棍術、槍術入門與精進	邱丕相編著	220 元
5.	南拳入門與精進	朱瑞琪編著	220 元
6.	散手入門與精進	張 山等著	220 元
7.	太極拳入門與精進	李德印編著	280 元
8.	太極推手入門與精進	田金龍編著	220 元

・實用武術技擊・大展編號 112

1.	實用自衛拳法	溫佐惠著	250 元
2.	搏擊術精選	陳清山等著	220 元

3. 秘傳防身絕技	程崑彬著	230 元
4. 振藩截拳道入門	陳琦平著	220 元

・中國武術規定套路・ 大展編號 113

1. 螳螂拳	中國武術系列	300 元
2. 劈掛拳	規定套路編寫組	300 元
3. 八極拳		

・中華傳統武術・ 大展編號 114

1. 中華古今兵械圖考	裴錫榮主編	280 元
2. 武當劍	陳湘陵編著	200 元

・武術特輯・ 大展編號 10

1. 陳式太極拳入門	馮志強編著	180 元
2. 武式太極拳	郝少如編著	200 元
3. 練功十八法入門	蕭京凌編著	120 元
4. 教門長拳	蕭京凌編著	150 元
5. 跆拳道	蕭京凌編譯	180 元
6. 正傳合氣道	程曉鈴譯	200 元
7. 圖解雙節棍	陳銘遠著	150 元
8. 格鬥空手道	鄭旭旭編著	200 元
9. 實用跆拳道	陳國榮編著	200 元
10. 武術初學指南	李文英、解守德編著	250 元
11. 泰國拳	陳國榮著	180 元
12. 中國式摔跤	黃　斌編著	180 元
13. 太極劍入門	李德印編著	180 元
14. 太極拳運動	運動司編	250 元
15. 太極拳譜	清・王宗岳等著	280 元
16. 散手初學	冷　峰編著	200 元
17. 南拳	朱瑞琪編著	180 元
18. 吳式太極劍	王培生著	200 元
19. 太極拳健身與技擊	王培生著	250 元
20. 秘傳武當八卦掌	狄兆龍著	250 元
21. 太極拳論譚	沈　壽著	250 元
22. 陳式太極拳技擊法	馬　虹著	250 元
23. 二十四式/三十二式 太極 拳/劍	闞桂香著	180 元
24. 楊式秘傳 129 式太極長拳	張楚全著	280 元
25. 楊式太極拳架詳解	林炳堯著	280 元
26. 華佗五禽劍	劉時榮著	180 元
27. 太極拳基礎講座：基本功與簡化 24 式	李德印著	250 元

28. 武式太極拳精華	薛乃印著	200 元
29. 陳式太極拳拳理闡微	馬　虹著	350 元
30. 陳式太極拳體用全書	馬　虹著	400 元
31. 張三豐太極拳	陳占奎著	200 元
32. 中國太極推手	張　山主編	300 元
33. 48 式太極拳入門	門惠豐編著	220 元
34. 太極拳奇人奇功	嚴翰秀編著	250 元
35. 心意門秘籍	李新民編著	220 元
36. 三才門乾坤戊己功	王培生編著	220 元
37. 武式太極劍精華 +VCD	薛乃印編著	350 元
38. 楊式太極拳	傅鐘文演述	200 元
39. 陳式太極拳、劍 36 式	闞桂香編著	250 元
40. 正宗武式太極拳	薛乃印著	220 元
41. 杜元化＜太極拳正宗＞考析	王海洲等著	300 元
42. ＜珍貴版＞陳式太極拳	沈家楨著	280 元
43. 24 式太極拳＋VCD	中國國家體育總局著	350 元
44. 太極推手絕技	安在峰編著	250 元
45. 孫祿堂武學錄	孫祿堂著	300 元
46. ＜珍貴本＞陳式太極拳精選	馮志強著	280 元
47. 武當趙保太極拳小架	鄭悟清傳授	250 元

・原地太極拳系列・大展編號 11

1. 原地綜合太極拳 24 式	胡啟賢創編	220 元
2. 原地活步太極拳 42 式	胡啟賢創編	200 元
3. 原地簡化太極拳 24 式	胡啟賢創編	200 元
4. 原地太極拳 12 式	胡啟賢創編	200 元

・道學文化・大展編號 12

1. 道在養生：道教長壽術	郝　勤等著	250 元
2. 龍虎丹道：道教內丹術	郝　勤著	300 元
3. 天上人間：道教神仙譜系	黃德海著	250 元
4. 步罡踏斗：道教祭禮儀典	張澤洪著	250 元
5. 道醫窺秘：道教醫學康復術	王慶餘等著	250 元
6. 勸善成仙：道教生命倫理	李　剛著	250 元
7. 洞天福地：道教宮觀勝境	沙銘壽著	250 元
8. 青詞碧簫：道教文學藝術	楊光文等著	250 元
9. 沈博絕麗：道教格言精粹	朱耕發等著	250 元

・易學智慧・大展編號 122

1. 易學與管理	余敦康主編	250 元

2. 易學與養生　劉長林等著　300 元
3. 易學與美學　劉綱紀等著　300 元
4. 易學與科技　董光壁著　280 元
5. 易學與建築　韓增祿著　280 元
6. 易學源流　鄭萬耕著　280 元
7. 易學的思維　傅雲龍等著　250 元
8. 周易與易圖　李　申著　250 元

・神算大師・大展編號 123

1. 劉伯溫神算兵法　應　涵編著　280 元
2. 姜太公神算兵法　應　涵編著　280 元
3. 鬼谷子神算兵法　應　涵編著　280 元
4. 諸葛亮神算兵法　應　涵編著　280 元

・秘傳占卜系列・大展編號 14

1. 手相術　淺野八郎著　180 元
2. 人相術　淺野八郎著　180 元
3. 西洋占星術　淺野八郎著　180 元
4. 中國神奇占卜　淺野八郎著　150 元
5. 夢判斷　淺野八郎著　150 元
6. 前世、來世占卜　淺野八郎著　150 元
7. 法國式血型學　淺野八郎著　150 元
8. 靈感、符咒學　淺野八郎著　150 元
9. 紙牌占卜術　淺野八郎著　150 元
10. ESP 超能力占卜　淺野八郎著　150 元
11. 猶太數的秘術　淺野八郎著　150 元
12. 新心理測驗　淺野八郎著　160 元
13. 塔羅牌預言秘法　淺野八郎著　200 元

・趣味心理講座・大展編號 15

1. 性格測驗　探索男與女　淺野八郎著　140 元
2. 性格測驗　透視人心奧秘　淺野八郎著　140 元
3. 性格測驗　發現陌生的自己　淺野八郎著　140 元
4. 性格測驗　發現你的真面目　淺野八郎著　140 元
5. 性格測驗　讓你們吃驚　淺野八郎著　140 元
6. 性格測驗　洞穿心理盲點　淺野八郎著　140 元
7. 性格測驗　探索對方心理　淺野八郎著　140 元
8. 性格測驗　由吃認識自己　淺野八郎著　160 元
9. 性格測驗　戀愛知多少　淺野八郎著　160 元
10. 性格測驗　由裝扮瞭解人心　淺野八郎著　160 元

11.	性格測驗　　敲開內心玄機	淺野八郎著	140元
12.	性格測驗　　透視你的未來	淺野八郎著	160元
13.	血型與你的一生	淺野八郎著	160元
14.	趣味推理遊戲	淺野八郎著	160元
15.	行為語言解析	淺野八郎著	160元

・婦 幼 天 地・大展編號 16

1.	八萬人減肥成果	黃靜香譯	180元
2.	三分鐘減肥體操	楊鴻儒譯	150元
3.	窈窕淑女美髮秘訣	柯素娥譯	130元
4.	使妳更迷人	成　玉譯	130元
5.	女性的更年期	官舒妍編譯	160元
6.	胎內育兒法	李玉瓊編譯	150元
7.	早產兒袋鼠式護理	唐岱蘭譯	200元
8.	初次懷孕與生產	婦幼天地編譯組	180元
9.	初次育兒 12 個月	婦幼天地編譯組	180元
10.	斷乳食與幼兒食	婦幼天地編譯組	180元
11.	培養幼兒能力與性向	婦幼天地編譯組	180元
12.	培養幼兒創造力的玩具與遊戲	婦幼天地編譯組	180元
13.	幼兒的症狀與疾病	婦幼天地編譯組	180元
14.	腿部苗條健美法	婦幼天地編譯組	180元
15.	女性腰痛別忽視	婦幼天地編譯組	150元
16.	舒展身心體操術	李玉瓊編譯	130元
17.	三分鐘臉部體操	趙薇妮著	160元
18.	生動的笑容表情術	趙薇妮著	160元
19.	心曠神怡減肥法	川津祐介著	130元
20.	內衣使妳更美麗	陳玄茹譯	130元
21.	瑜伽美姿美容	黃靜香編著	180元
22.	高雅女性裝扮學	陳珮玲譯	180元
23.	蠶糞肌膚美顏法	梨秀子著	160元
24.	認識妳的身體	李玉瓊譯	160元
25.	產後恢復苗條體態	居理安・芙萊喬著	200元
26.	正確護髮美容法	山崎伊久江著	180元
27.	安琪拉美姿養生學	安琪拉蘭斯博瑞著	180元
28.	女體性醫學剖析	增田豐著	220元
29.	懷孕與生產剖析	岡部綾子著	180元
30.	斷奶後的健康育兒	東城百合子著	220元
31.	引出孩子幹勁的責罵藝術	多湖輝著	170元
32.	培養孩子獨立的藝術	多湖輝著	170元
33.	子宮肌瘤與卵巢囊腫	陳秀琳編著	180元
34.	下半身減肥法	納他夏・史達賓著	180元
35.	女性自然美容法	吳雅菁編著	180元
36.	再也不發胖	池園悅太郎著	170元

37.	生男生女控制術	中垣勝裕著	220 元
38.	使妳的肌膚更亮麗	楊　皓編著	170 元
39.	臉部輪廓變美	芝崎義夫著	180 元
40.	斑點、皺紋自己治療	高須克彌著	180 元
41.	面皰自己治療	伊藤雄康著	180 元
42.	隨心所欲瘦身冥想法	原久子著	180 元
43.	胎兒革命	鈴木丈織著	180 元
44.	NS 磁氣平衡法塑造窈窕奇蹟	古屋和江著	180 元
45.	享瘦從腳開始	山田陽子著	180 元
46.	小改變瘦 4 公斤	宮本裕子著	180 元
47.	軟管減肥瘦身	高橋輝男著	180 元
48.	海藻精神秘美容法	劉名揚編著	180 元
49.	肌膚保養與脫毛	鈴木真理著	180 元
50.	10 天減肥 3 公斤	彤雲編輯組	180 元
51.	穿出自己的品味	西村玲子著	280 元
52.	小孩髮型設計	李芳黛譯	250 元

・青 春 天 地・大展編號 17

1.	A 血型與星座	柯素娥編譯	160 元
2.	B 血型與星座	柯素娥編譯	160 元
3.	O 血型與星座	柯素娥編譯	160 元
4.	AB 血型與星座	柯素娥編譯	120 元
5.	青春期性教室	呂貴嵐編譯	130 元
7.	難解數學破題	宋釗宜編譯	130 元
9.	小論文寫作秘訣	林顯茂編譯	120 元
11.	中學生野外遊戲	熊谷康編著	120 元
12.	恐怖極短篇	柯素娥編譯	130 元
13.	恐怖夜話	小毛驢編譯	130 元
14.	恐怖幽默短篇	小毛驢編譯	120 元
15.	黑色幽默短篇	小毛驢編譯	120 元
16.	靈異怪談	小毛驢編譯	130 元
17.	錯覺遊戲	小毛驢編著	130 元
18.	整人遊戲	小毛驢編著	150 元
19.	有趣的超常識	柯素娥編譯	130 元
20.	哦！原來如此	林慶旺編譯	130 元
21.	趣味競賽 100 種	劉名揚編譯	120 元
22.	數學謎題入門	宋釗宜編譯	150 元
23.	數學謎題解析	宋釗宜編譯	150 元
24.	透視男女心理	林慶旺編譯	120 元
25.	少女情懷的自白	李桂蘭編譯	120 元
26.	由兄弟姊妹看命運	李玉瓊編譯	130 元
27.	趣味的科學魔術	林慶旺編譯	150 元
28.	趣味的心理實驗室	李燕玲編譯	150 元

29. 愛與性心理測驗	小毛驢編譯	130 元
30. 刑案推理解謎	小毛驢編譯	180 元
31. 偵探常識推理	小毛驢編譯	180 元
32. 偵探常識解謎	小毛驢編譯	130 元
33. 偵探推理遊戲	小毛驢編譯	180 元
34. 趣味的超魔術	廖玉山編著	150 元
35. 趣味的珍奇發明	柯素娥編著	150 元
36. 登山用具與技巧	陳瑞菊編著	150 元
37. 性的漫談	蘇燕謀編著	180 元
38. 無的漫談	蘇燕謀編著	180 元
39. 黑色漫談	蘇燕謀編著	180 元
40. 白色漫談	蘇燕謀編著	180 元

・健 康 天 地・大展編號 18

1. 壓力的預防與治療	柯素娥編譯	130 元
2. 超科學氣的魔力	柯素娥編譯	130 元
3. 尿療法治病的神奇	中尾良一著	130 元
4. 鐵證如山的尿療法奇蹟	廖玉山譯	120 元
5. 一日斷食健康法	葉慈容編譯	150 元
6. 胃部強健法	陳炳崑譯	120 元
7. 癌症早期檢查法	廖松濤譯	160 元
8. 老人痴呆症防止法	柯素娥編譯	170 元
9. 松葉汁健康飲料	陳麗芬編譯	150 元
10. 揉肚臍健康法	永井秋夫著	150 元
11. 過勞死、猝死的預防	卓秀貞編譯	130 元
12. 高血壓治療與飲食	藤山順豐著	180 元
13. 老人看護指南	柯素娥編譯	150 元
14. 美容外科淺談	楊啟宏著	150 元
15. 美容外科新境界	楊啟宏著	150 元
16. 鹽是天然的醫生	西英司郎著	140 元
17. 年輕十歲不是夢	梁瑞麟譯	200 元
18. 茶料理治百病	桑野和民著	180 元
20. 杜仲茶養顏減肥法	西田博著	170 元
21. 蜂膠驚人療效	瀨長良三郎著	180 元
22. 蜂膠治百病	瀨長良三郎著	180 元
23. 醫藥與生活	鄭炳全著	180 元
24. 鈣長生寶典	落合敏著	180 元
25. 大蒜長生寶典	木下繁太郎著	160 元
26. 居家自我健康檢查	石川恭三著	160 元
27. 永恆的健康人生	李秀鈴譯	200 元
28. 大豆卵磷脂長生寶典	劉雪卿譯	150 元
29. 芳香療法	梁艾琳譯	160 元
30. 醋長生寶典	柯素娥譯	180 元

31. 從星座透視健康　席拉・吉蒂斯著　180 元
32. 愉悅自在保健學　野本二士夫著　160 元
33. 裸睡健康法　丸山淳士等著　160 元
34. 糖尿病預防與治療　藤山順豐著　180 元
35. 維他命長生寶典　菅原明子著　180 元
36. 維他命 C 新效果　鐘文訓編　150 元
37. 手、腳病理按摩　堤芳朗著　160 元
38. AIDS 瞭解與預防　彼得塔歇爾著　180 元
39. 甲殼質殼聚糖健康法　沈永嘉譯　160 元
40. 神經痛預防與治療　木下真男著　160 元
41. 室內身體鍛鍊法　陳炳崑編著　160 元
42. 吃出健康藥膳　劉大器編著　180 元
43. 自我指壓術　蘇燕謀編著　160 元
44. 紅蘿蔔汁斷食療法　李玉瓊編著　150 元
45. 洗心術健康秘法　竺翠萍編譯　170 元
46. 枇杷葉健康療法　柯素娥編譯　180 元
47. 抗衰血癒　楊啟宏著　180 元
48. 與癌搏鬥記　逸見政孝著　180 元
49. 冬蟲夏草長生寶典　高橋義博著　170 元
50. 痔瘡・大腸疾病先端療法　宮島伸宜著　180 元
51. 膠布治癒頑固慢性病　加瀨建造著　180 元
52. 芝麻神奇健康法　小林貞作著　170 元
53. 香煙能防止癡呆？　高田明和著　180 元
54. 穀菜食治癌療法　佐藤成志著　180 元
55. 貼藥健康法　松原英多著　180 元
56. 克服癌症調和道呼吸法　帶津良一著　180 元
57. B 型肝炎預防與治療　野村喜重郎著　180 元
58. 青春永駐養生導引術　早島正雄著　180 元
59. 改變呼吸法創造健康　原久子著　180 元
60. 荷爾蒙平衡養生秘訣　出村博著　180 元
61. 水美肌健康法　井戶勝富著　170 元
62. 認識食物掌握健康　廖梅珠編著　170 元
63. 痛風劇痛消除法　鈴木吉彥著　180 元
64. 酸莖菌驚人療效　上田明彥著　180 元
65. 大豆卵磷脂治現代病　神津健一著　200 元
66. 時辰療法—危險時刻凌晨 4 時　呂建強等著　180 元
67. 自然治癒力提升法　帶津良一著　180 元
68. 巧妙的氣保健法　藤平墨子著　180 元
69. 治癒 C 型肝炎　熊田博光著　180 元
70. 肝臟病預防與治療　劉名揚編著　180 元
71. 腰痛平衡療法　荒井政信著　180 元
72. 根治多汗症、狐臭　稻葉益巳著　220 元
73. 40 歲以後的骨質疏鬆症　沈永嘉譯　180 元
74. 認識中藥　松下一成著　180 元

75. 認識氣的科學	佐佐木茂美著	180 元
76. 我戰勝了癌症	安田伸著	180 元
77. 斑點是身心的危險信號	中野進著	180 元
78. 艾波拉病毒大震撼	玉川重德著	180 元
79. 重新還我黑髮	桑名隆一郎著	180 元
80. 身體節律與健康	林博史著	180 元
81. 生薑治萬病	石原結實著	180 元
83. 木炭驚人的威力	大槻彰著	200 元
84. 認識活性氧	井土貴司著	180 元
85. 深海鮫治百病	廖玉山編著	180 元
86. 神奇的蜂王乳	井上丹治著	180 元
87. 卡拉 OK 健腦法	東潔著	180 元
88. 卡拉 OK 健康法	福田伴男著	180 元
89. 醫藥與生活	鄭炳全著	200 元
90. 洋蔥治百病	宮尾興平著	180 元
91. 年輕 10 歲快步健康法	石塚忠雄著	180 元
92. 石榴的驚人神效	岡本順子著	180 元
93. 飲料健康法	白鳥早奈英著	180 元
94. 健康棒體操	劉名揚編譯	180 元
95. 催眠健康法	蕭京凌編著	180 元
96. 鬱金（美王）治百病	水野修一著	180 元
97. 醫藥與生活	鄭炳全著	200 元

・實用女性學講座・大展編號 19

1. 解讀女性內心世界	島田一男著	150 元
2. 塑造成熟的女性	島田一男著	150 元
3. 女性整體裝扮學	黃靜香編著	180 元
4. 女性應對禮儀	黃靜香編著	180 元
5. 女性婚前必修	小野十傳著	200 元
6. 徹底瞭解女人	田口二州著	180 元
7. 拆穿女性謊言 88 招	島田一男著	200 元
8. 解讀女人心	島田一男著	200 元
9. 俘獲女性絕招	志賀貢著	200 元
10. 愛情的壓力解套	中村理英子著	200 元
11. 妳是人見人愛的女孩	廖松濤編著	200 元

・校園系列・大展編號 20

1. 讀書集中術	多湖輝著	180 元
2. 應考的訣竅	多湖輝著	150 元
3. 輕鬆讀書贏得聯考	多湖輝著	180 元
4. 讀書記憶秘訣	多湖輝著	180 元

5.	視力恢復！超速讀術	江錦雲譯	180 元
6.	讀書 36 計	黃柏松編著	180 元
7.	驚人的速讀術	鐘文訓編著	170 元
8.	學生課業輔導良方	多湖輝著	180 元
9.	超速讀超記憶法	廖松濤編著	180 元
10.	速算解題技巧	宋釗宜編著	200 元
11.	看圖學英文	陳炳崑編著	200 元
12.	讓孩子最喜歡數學	沈永嘉譯	180 元
13.	催眠記憶術	林碧清譯	180 元
14.	催眠速讀術	林碧清譯	180 元
15.	數學式思考學習法	劉淑錦譯	200 元
16.	考試憑要領	劉孝暉著	180 元
17.	事半功倍讀書法	王毅希著	200 元
18.	超金榜題名術	陳蒼杰譯	200 元
19.	靈活記憶術	林耀慶編著	180 元
20.	數學增強要領	江修楨編著	180 元
21.	使頭腦靈活的數學	逢澤明著	200 元

・實用心理學講座・大展編號 21

1.	拆穿欺騙伎倆	多湖輝著	140 元
2.	創造好構想	多湖輝著	140 元
3.	面對面心理術	多湖輝著	160 元
4.	偽裝心理術	多湖輝著	140 元
5.	透視人性弱點	多湖輝著	180 元
6.	自我表現術	多湖輝著	180 元
7.	不可思議的人性心理	多湖輝著	180 元
8.	催眠術入門	多湖輝著	150 元
9.	責罵部屬的藝術	多湖輝著	150 元
10.	精神力	多湖輝著	150 元
11.	厚黑說服術	多湖輝著	150 元
12.	集中力	多湖輝著	150 元
13.	構想力	多湖輝著	150 元
14.	深層心理術	多湖輝著	160 元
15.	深層語言術	多湖輝著	160 元
16.	深層說服術	多湖輝著	180 元
17.	掌握潛在心理	多湖輝著	160 元
18.	洞悉心理陷阱	多湖輝著	180 元
19.	解讀金錢心理	多湖輝著	180 元
20.	拆穿語言圈套	多湖輝著	180 元
21.	語言的內心玄機	多湖輝著	180 元
22.	積極力	多湖輝著	180 元

・超現實心靈講座・大展編號 22

1.	超意識覺醒法	詹蔚芬編譯	130 元
2.	護摩秘法與人生	劉名揚編譯	130 元
3.	秘法！超級仙術入門	陸明譯	150 元
4.	給地球人的訊息	柯素娥編著	150 元
5.	密教的神通力	劉名揚編著	130 元
6.	神秘奇妙的世界	平川陽一著	200 元
7.	地球文明的超革命	吳秋嬌譯	200 元
8.	力量石的秘密	吳秋嬌譯	180 元
9.	超能力的靈異世界	馬小莉譯	200 元
10.	逃離地球毀滅的命運	吳秋嬌譯	200 元
11.	宇宙與地球終結之謎	南山宏著	200 元
12.	驚世奇功揭秘	傅起鳳著	200 元
13.	啟發身心潛力心象訓練法	栗田昌裕著	180 元
14.	仙道術遁甲法	高藤聰一郎著	220 元
15.	神通力的秘密	中岡俊哉著	180 元
16.	仙人成仙術	高藤聰一郎著	200 元
17.	仙道符咒氣功法	高藤聰一郎著	220 元
18.	仙道風水術尋龍法	高藤聰一郎著	200 元
19.	仙道奇蹟超幻像	高藤聰一郎著	200 元
20.	仙道鍊金術房中法	高藤聰一郎著	200 元
21.	奇蹟超醫療治癒難病	深野一幸著	220 元
22.	揭開月球的神秘力量	超科學研究會	180 元
23.	西藏密教奧義	高藤聰一郎著	250 元
24.	改變你的夢術入門	高藤聰一郎著	250 元
25.	21 世紀拯救地球超技術	深野一幸著	250 元

・養 生 保 健・大展編號 23

1.	醫療養生氣功	黃孝寬著	250 元
2.	中國氣功圖譜	余功保著	250 元
3.	少林醫療氣功精粹	井玉蘭著	250 元
4.	龍形實用氣功	吳大才等著	220 元
5.	魚戲增視強身氣功	宮 嬰著	220 元
6.	嚴新氣功	前新培金著	250 元
7.	道家玄牝氣功	張 章著	200 元
8.	仙家秘傳袪病功	李遠國著	160 元
9.	少林十大健身功	秦慶豐著	180 元
10.	中國自控氣功	張明武著	250 元
11.	醫療防癌氣功	黃孝寬著	250 元
12.	醫療強身氣功	黃孝寬著	250 元
13.	醫療點穴氣功	黃孝寬著	250 元

國家圖書館出版品預行編目資料

綜合易卦姓名學／林虹余著
－初版－臺北市，大展，民 92
面；21 公分－（命理與預言；68）
ISBN 957-468-180-7（平裝）
1. 姓名學 2. 易占
293.3　　　　　　91020467

綜合易卦姓名學

ISBN 957-468-180-7

著 作 者／林　虹　余
發 行 人／蔡　森　明
出 版 者／大展出版社有限公司
社　　址／台北市北投區（石牌）致遠一路 2 段 12 巷 1 號
電　　話／(02) 28236031・28236033・28233123
傳　　真／(02) 28272069
郵政劃撥／01669551
E-mail／dah_jaan@yahoo.com.tw
登 記 證／局版臺業字第 2171 號
承 印 者／揚昇彩色印刷股份有限公司
裝　　訂／協億印製有限公司
排 版 者／千兵企業有限公司
初版1刷／2003 年（民 92 年） 1 月

定　價／200 元

大展好書　好書大展
品嘗好書　冠群可期

大展好書　好書大展
品嘗好書　冠群可期